# *Wer*

## *mag's sein?*

### 50 Persönlichkeiten
### in Kurzbiografien

Ausgewählt und porträtiert
von Peter Hoffmann

D1697503

Verlag Hahnsche Buchhandlung Hannover

Bibliografische Angabe der
Deutschen Nationalbibliothek

Die Deutsche Nationalbibliothek verzeichnet diese
Publikation in der Deutschen Nationalbibliografie;
detaillierte bibliografische Daten sind im Internet
über http://dnb.ddb.de abrufbar.

ISBN 978-3-7752-6128-9
(c) 2008 Verlag Hahnsche Buchhandlung Hannover
Satz und Gestaltung: Verlag Hahnsche Buchhandlung
Druck: poppdruck, Langenhagen

## Zum Geleit

*„Mensch sein heißt, Verantwortung fühlen:*
*sich schämen beim Anblick einer Not,*
*auch wenn man offenbar keine Mitschuld an ihr hat;*
*stolz sein über den Erfolg der Kameraden;*
*seinen Stein beitragen im Bewusstsein,*
*mitzuwirken am Bau der Welt."*
*Antoine de Saint-Exupéry,*
*Wind, Sand und Sterne*

Jeder Mensch hat seine charakteristische Biografie.
Jeder wird geboren mit individuellen Anlagen. Jeder
wird geprägt von seiner Familie, von seinem gesellschaftlichen Umfeld, von seiner Zeit. Jeder wirkt auf
seine Mitmenschen.

Einige hinterlassen Zeugnisse und Spuren über Jahr-
zehnte, Jahrhunderte, ja sogar Jahrtausende. Ihr Den-
ken und Handeln, ob gut oder böse, ob human oder
inhuman, ob vorbildhaft oder abschreckend – immer
sind sie das Spiegelbild eines menschlichen Wesens.

Jede Kurzbiografie und die Identifizierung der Portrai-
tierten geben Impulse zur Reflexion über uns selbst.

*Peter Hoffmann*

Auflösung zu Seite 153:
*Abraham Lincoln*

# *Sie wird als letzte Tochter...*

und fünfzehntes Kind ihrer herrschaftlichen Eltern geboren. Bei keiner Geburt vorher hatte die Mutter unter Problemen zu leiden. Doch nun treten zum ersten Mal Komplikationen auf, so dass um das Leben der Mutter gebangt wird. Die schwere Entbindung und ein Erdbeben am Rande Europas mit vielen Opfern am Tag zuvor werden als schlechtes Vorzeichen für den weiteren Lebensweg der Neugeborenen gedeutet.

Sie entwickelt sich zu einem hübschen kleinen Mädchen, das mit seinem charmanten Verhalten ihre Erzieher beeindruckt. Aber schon früh zeigt sie einen Hang zur Unruhe und meidet oft die Unterrichtsstunden, um sich anderen Zerstreuungen zu widmen. Sie vermag sich nur schwer zu konzentrieren oder sich ihren Aufgaben zu widmen.

Ihre Erziehung ist – wie bei ihren Geschwistern – von frühester Kindheit an einem strengen Tages- und Unterrichtsplan unterworfen, den ihre Mutter speziell für ihre Kinder ausgearbeitet hat. Dazu gehören Tanzstunden, Theateraufführungen, Geschichte, Malen, Rechtschreibung, Staatskunde, ein wenig Mathematik und Fremdsprachen. Als Mädchen wird sie zudem in Handarbeit und in der Konversation unterwiesen.

Als sie ins heiratsfähige Alter kommt, soll sie ebenso wie ihre Geschwister den von ihrer Mutter Ausgesuchten ehelichen. Doch vorher muss sie noch gravierende Mängel in ihrer Allgemeinbildung beseitigen und ihre Fremdsprachenkenntnisse aufbessern. Schnellstens werden Erzieher, Tanzlehrer und Sprachlehrer engagiert, die sie innerhalb kürzester Zeit auf ihre künftige Aufgabe vorbereiten sollen.

Sobald sie auf ihrer Reise zu ihrem „Auserwählten" an die Grenze ihres Heimatlandes kommt, muss sie sich von allen ihr liebgewordenen Freunden und Bekannten trennen. Danach erwartet sie jenseits der Grenze der königliche Schwiegervater. Vorbei an vielen Jubelnden, durch Triumphpforten und bekränzte Tore steuert die Brautfahrt endlich ihrem ersten Ziel entgegen, einem geschichtsträchtigen Waldstück, wo – mit riesiger Wagenburg – die königliche Familie ihr neues Mitglied erwartet.

Hofherren, Hofdamen, Offiziere, die Leibgarden, Trommler, Trompeter und Bläser, alle in neuen schimmernden Kleidern, stehen in bunter Rangordnung geschart; der ganze maigrüne Wald leuchtet von diesem Farbenspiel. Kaum künden Fanfaren beider Gefolge das Nahen des Hochzeitszuges, da verlässt der König seine Karosse, um die Braut seines Enkels zu empfangen. Aber schon eilt ihm diese mit ihrem viel bewunderten leichten Schritt entgegen und kniet mit anmutigstem Knicks vor dem Großvater ihres zukünftigen Gatten nieder.

Der König, höchst empfänglich für graziöse Anmut, neigt sich zärtlich-zufrieden hinab zu der Enkelbraut, hebt sie empor und küsst sie auf beide Wangen. Dann erst stellt er ihr den zukünftigen Gemahl vor, der etwas steif und sichtlich verlegen wirkt. Endlich blickt er mit verschlafenen kurzsichtigen Augen seine Braut an und küsst sie ohne sonderliche Beflissenheit, der Etikette gemäß, formell auf die Wange. Keinem Liebhaber, sondern nur einem Staatsbräutigam begegnet die von weit angereiste Braut.

Frisch vermählt gerät sie in ihrer Unerfahrenheit im neuen familiären Umfeld schnell in Schwierigkeiten. Ihr Charakter entwickelt sich kaum, sie erscheint gleichgültig, oberflächlich, hochmütig. Lediglich für Schmuck und Verschwendung zeigt sie eine wachsende Leidenschaft. Als sie von ihrem Mann ein kleines Schloss geschenkt bekommt, zelebriert sie dort in einem Kreis enger Vertrauter einen märchenhaft luxuriösen Lebensstil. Dieses aufwendige, ungezwungene Leben isoliert sie immer mehr von der sich zunehmend verdüsternden Wirklichkeit im Lande und macht sie taub für die daraus resultierenden, rasch an Schärfe gewinnenden gesellschaftlichen Unruhen. So trifft sie mit Ausbruch der Revolution der Hass der Volksmassen. Als sie ins Gefängnis eingeliefert wird, zeigt sie trotz ihrer schwindenden Gesundheit überraschend Mut und Würde und findet zur Tiefe und Stärke ihres Charakters. In ihrem letzten Brief an ihre Schwester schreibt sie: „Ich wurde soeben zum Tode verurteilt. Ich bin ruhig, wie man es ist, wenn das Gewissen dem Menschen keine Vorwürfe macht. Ich bedaure tief, meine armen Kinder zu verlassen. Du weißt, ich habe nur für sie gelebt." Wenig später trennt der Henker ihr mit dem Fallbeil den Kopf vom Körper.

*Wer mag's sein?*

*Auflösung auf Seite 140*

Auflösung zu Seite 101:
*Albrecht Wallenstein*

# *Er wird als Sohn eines Kapitäns ...*

und Direktors einer Navigationsschule geboren. Nach dem Besuch der Volksschule und des Gymnasiums in Ostfriesland studiert er an verschiedenen Universitäten Germanistik, Geschichte, Geographie, Philosophie und Volkswirtschaft. Seine Mitgliedschaft in einer Studentenverbindung beendet er wegen schwerwiegender inhaltlicher Differenzen. Stattdessen wendet er sich den Ideen des Sozialismus zu und tritt in die Sozialdemokratische Partei Deutschlands ein. Sein Studium beendet er mit dem Staatsexamen für das höhere Lehramt.

Im bald folgenden Ersten Weltkrieg wird er schwer verwundet und gerät in russische Kriegsgefangenschaft. Hier lernt er russisch und schließt sich den Bolschewiken an. Für mehrere Monate wird er als Volkskommissar zu den Wolgadeutschen geschickt. Nach seiner Rückkehr in die Heimat wird er Mitglied der Kommunistischen Partei Deutschlands und bedient sich des revolutionären Decknamens „Friesland". In den nachfolgenden anderthalb Jahren arbeitet er intensiv als hauptamtlicher Parteifunktionär. Er orga-

nisiert Veranstaltungen für Jugendliche, hält Reden und Vorträge und kümmert sich um den Aufbau örtlicher Parteistrukturen. Dabei erlebt er alle politischen Kursänderungen sowie Höhen und Tiefen der wechselvollen Frühgeschichte seiner Partei.

Später verlässt er diese und tritt wieder der Sozialdemokratische Partei Deutschlands bei, für die er in der Reichshauptstadt kommunalpolitisch tätig wird. Verantwortlich für den Bereich Verkehr, setzt er den Einheitsfahrschein für die verschiedenen öffentlichen Verkehrsmittel durch. Außerdem fördert er den Ausbau des U-Bahnnetzes, um Behinderungen auf den Straßen durch die aufkommende Automobilisierung in Grenzen zu halten. In der letzten Phase der Weimarer Republik wird er Oberbürgermeister einer mitteldeutschen Großstadt. Die durch die Weltwirtschaftskrise ausgelöste Arbeitslosigkeit und Wohnungsnot bekämpft er mit Arbeitsbeschaffungsmaßnahmen, so unter anderem mit Selbsthilfesiedlungen für Erwerbslose.

Als die Nationalsozialisten die Macht in Deutschland übernehmen, wird er aller Ämter enthoben und zunächst in einem Konzentrationslager interniert. Nach seiner Freilassung, die er der Intervention englischer Freunde verdankt, geht er in die Türkei ins Exil. Dort findet er neben seiner Arbeit im Wirtschaftsministerium seines Gastlandes sein Hauptbetätigungsfeld als Hochschullehrer. Da ihn eine Mischung zwischen Bescheidenheit und persönlicher Autorität auszeichnet, ist er bei den Studenten sehr beliebt.

Nach Kriegsende kehrt er in seine Heimat zurück und arbeitet zunächst wieder als Verkehrsdezernent. Doch bald sieht er sich vor der größten Herausforderung seines Lebens, als er in die wichtigste kommunalpolitische Spitzenstellung seines Landes gewählt wird. Seine Mitbürger muss er davon überzeugen, für ihre noch ungefestigte und stets bedrohte Freiheit zu kämpfen. Schnell wird er zur Symbolfigur und „Lichtgestalt" politischen und physischen Durchhaltewillens. Er appelliert an die Völker der Welt, auf seine Stadt zu schauen.

Allergrößten Wert legt er darauf, engen Kontakt mit der Bevölkerung zu halten. So lässt er sich jede Woche über eingegangene Briefe Bericht erstatten, um Schwachstellen in der Verwaltung herauszufinden und Missstände zu beseitigen. Gleichzeitig ersucht er die öffentlich Bediensteten immer wieder um eine tolerante und unbürokratische Haltung gegenüber Rat- und Hilfesuchenden. Einer seiner Leitsätze ist, die Verwaltung müsse dem Menschen helfen und ihn nicht dirigieren. Seine große Popularität verschafft seiner Partei viele Wähler.

Wenn er nach einem schweren Arbeitstag schweigend nach Hause kommt, entspannt er sich zunächst beim Lösen von Kreuzworträtseln. Erst dann vertraut er sich seiner Frau an und redet sich alles an Ärger und Widerwärtigkeiten, was ihn bedrückt, von der Seele. Im Dienstlichen hält er bewusst Distanz, in der Atmosphäre politischer Intrige bleibt er Außenseiter.

Als er an den Folgen eines Herzanfalls verstirbt, erschüttert sein Tod das gesamte Land. Unzählige Bürger stellen spontan und ohne vorherigen Aufruf Kerzen in die Fenster. Hunderttausende säumen die Straßen, als der viel gereiste Politiker seinen letzten Weg zum Friedhof antritt. Von seiner Familie wird ihm eines seiner Lieblingsbücher – Boethius' „Trost der Philosophie" – in den Sarg gelegt.

*Wer mag's sein?*

*Auflösung auf Seite 56*

Auflösung zu Seite 33:
*Alexander der Große*

# *Er wird als Sohn eines Juristen...*

und Professors für Moralphilosophie sowie der Tochter eines Rechtswissenschaftlers geboren. Schon als Achtjähriger erlernt er anhand der umfangreichen väterlichen Bibliothek autodidaktisch Latein und Griechisch. In der Schule fällt er auf, da er in wenigen Stunden ein lateinisches Gedicht von dreihundert Hexametern verfassen kann. Doch was den jungen Menschen wirklich erfüllt und begeistert, ist die Mathematik.

Während seines Studiums, das er bereits als Vierzehnjähriger beginnt, widmet er sich allerdings zunächst der Philosophie, dann der Jurisprudenz. Gleichaltrige Freunde hat er kaum. Als er mit zwanzig Jahren zum Doktor der Rechte promovieren will, wird er von der Professorenschaft als zu jung abgelehnt. So wechselt er die Universität, um andernorts das Verwehrte nachzuholen.

Um seinen Lebensunterhalt zu verdienen, fertigt er zunächst juristische Gutachten an. Bald zieht es ihn nach Paris. Obwohl es ihm dort anfangs schwer fällt, wegen seiner mangelnden Französischkenntnisse und seines gehemmten Auftretens Zugang zu den Gelehrtenkreisen zu finden, gewinnt er allmählich mit

seinen mathematischen und physikalisch-philoso-
phischen Studien Aufmerksamkeit.

Da ihn zunehmend finanzielle Sorgen drücken, ist er
froh, als er das Angebot erhält, eine Stelle als Rat an
einem herzoglichen Hof in Norddeutschland anzutre-
ten. Er sagt zu. Doch er reist nicht direkt an seinen
neuen Dienstort, sondern wählt den Umweg über London. Vor der Royal Society will er seine neueste wissenschaftliche Erfindung den gelehrten englischen
Kollegen vorstellen.

Schließlich tritt er seine Rückfahrt an. Über Den Haag
bringt ihn die Postkutsche an einem Dezembertag in
die herzogliche Residenzstadt. Dort erhofft er sich,
die nötige Muße für die stille Arbeit des Forschens
und Denkens zu finden. Er möchte nicht ausführen,
was ihm gesagt wird; nein, er sucht einen Herrn, der
bereit ist, das auszuführen, was er erdacht hat.

Als seine Bemühungen, durch eine neue Technik
Mühlenantriebe zu verbessern, scheitern, erhält er von
seinem Herzog den Auftrag, die Geschichte des Herr-
schergeschlechts zu verfassen. Dies wird für ihn eine
Lebensaufgabe und gibt ihm die Möglichkeit zu wei-
ten Reisen, die ihn bis nach Rom führen. Während
der herzogliche Hof ein gut lesbares Buch zum höhe-
ren Ruhm des Hauses erwartet, betreibt der „Hof-
chronist" Quellenstudien, die sich zu einer gelehrten
Geschichte des Abendlandes im frühen Mittelalter
auszuweiten drohen.

Da seine wissenschaftlichen Interessen weit gespannt
sind, bereist er immer wieder Europa, um Kontakte
zu anderen Wissenschaftlern zu knüpfen. Genial entwickelt er u.a. Konzepte für eine Münzreform, zum
Geld-, Handels- und Manufakturwesen, zur Kriegs-
finanzierung und zum Aufbau eines Reichsarchivs. Aber
mehr als wohlwollende Aufmerksamkeit finden seine
Ideen bei den politisch Mächtigen nicht, und so scheitert er immer wieder mit seinen Bemühungen, seine
wissenschaftlichen Errungenschaften in bare Münze
zu verwandeln.

Im Alltag ist er wenig gesellig. Ihn plagen nämlich trotz seiner vielseitigen Begabungen Minderwertigkeitskomplexe. Sein sächsischer Akzent und ein offenkundiger Sprachfehler schwächen sein Selbstvertrauen. Dazu kommen seine ungünstigen Körpermaße, die seine Hände und Füße zu lang und zu dünn erscheinen lassen.

In seinen letzten Lebensjahren leidet er an der Gicht. Gegen die damit verbundenen Schmerzen geht er auf recht eigenwillige Weise vor. Um das Leiden unfühlbar zu machen, erzeugt er einen Gegenschmerz, indem er sich überall dort, wo Schmerzen auftreten, hölzerne Schraubstöcke aufschrauben lässt. Dennoch kann er nicht verhindern, dass seine rechte Hand immer steifer wird, und er häufig kaum mehr leserlich schreiben kann. Noch einmal kommt eine kurze Zeit ohne Beschwerden, die seine Gelassenheit und seinen Tatendrang zurückkehren lassen. Er plant sogar seine Übersiedlung nach Paris. Doch schließlich kehrt seine Krankheit mit Macht zurück. Er verschweigt seine Schwäche, damit niemand am Hof erfährt, dass ihm sogar das Lesen schwer fällt. Unter unerträglichen Schmerzen verstirbt er an einem Novembersonnabend. Dennoch wird alsbald verkündet, er sei lächelnd entschlafen, bis zuletzt schreibend.

*Wer mag's sein?*

*Auflösung auf Seite 88*

Auflösung zu Seite 29:
*Annette von Droste-Hülhoff*

# *Er wird als fünftes von acht Kindern...*

eines wohlhabenden Wollfabrikanten geboren und wächst in gesicherten Verhältnissen auf. Nach seinem Abitur beginnt er sein Studium zunächst mit den Schwerpunkten Geschichte und Mathematik. Als sein Versuch scheitert, als Volontär bei einem Hafen- und Wasserbautenbetrieb zu arbeiten, wechselt er ins Architekturfach, ohne allerdings ernsthafte Studien zu betreiben.

Ein Jahr später unternimmt er ausgedehnte Wanderungen durch Deutschland und reist dann nach Paris, um bei einem bekannten Architekten der Pariser Krankenhäuser zu arbeiten. Er wirkt an mehreren Studienentwürfen mit. Nach seiner Rückkehr nach Deutschland findet er die erwünschte Anstellung als Volontär im Hafenbau. Aber schon bald fährt er erneut in die französische Hauptstadt und wird dort begeisterter Zeuge revolutionären Geschehens.

Doch auch Italien und Griechenland möchte er als Teil seiner Ausbildung nicht missen. So wandelt er einige

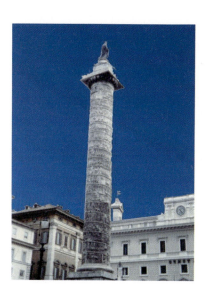

Zeit auf den Spuren der alten Römer und widmet sich gleichzeitig der Architektur der Renaissance. Anschließend erkundet er zu Fuß den Peloponnes, vermisst Ruinen und studiert Säulenordnungen. Bei diesen mediterranen Exkursionen interessiert ihn vor allem die Frage, ob die Bauwerke der Griechen und Römer bunt bemalt waren oder nicht. Sein abschließendes und veröffentlichtes Urteil „Ja", das er durch Farbuntersuchungen an der Trajanssäule in Rom untermauert, macht ihn schlagartig europaweit bekannt.

Nach seiner Rückkehr in sein Heimatland wendet er sich gegen die Klassizisten, denen er vorwirft, antike Bruchstücke in unverständlicher Form nachzuäffen. Er wird zum Professor für Architektur ernannt und setzt sich für die Aufwertung seiner Zunft ein. Bei seinen Bauprojekten treiben ihn hochfliegende Pläne. Ihn inspirieren das Kolosseum in Rom und die römische Hochrenaissance. So legt er einen Entwurf für eine innerstädtische Platzanlage vor, auf der alsbald ein wirkungsvolles Ensemble kirchlicher, kultureller und Regierungs-Prunkbauten errichtet wird.

Als es in Deutschland zur Revolution kommt, steht er – ein überzeugter Republikaner – an vorderster Front, um gemeinsam mit zahlreichen demokratisch gesinnten Mitbürgern im Widerstand gegen die Obrigkeit bürgerliche Grundrechte zu erstreiten. Er meldet sich zur Kommunalgarde und lässt Barrikaden bauen. Als der Aufstand scheitert, wird er als „Demokrat I. Klasse" gesucht und als „Hauptträdelsführer" revolutionärer Umtriebe angeklagt. Deshalb muss er seine Frau und seine sechs Kinder in der Stadt seines Wirkens zurücklassen. Wegen „unerlaubter Abwesenheit" wird er aus dem Staatsdienst entlassen. Der Steckbrief gegen ihn wird erst vierzehn Jahre später aufgehoben.

Über verschiedene Zwischenstationen gelangt er wieder nach Paris. Dort erarbeitet er den Entwurf einer Synagoge, der Bau wird jedoch nicht ausgeführt. Danach beschließt er, nach Amerika auszuwandern. Obwohl er schon an Bord eines Auswandererschiffes ist, bricht er sein Vorhaben ab, da ihm in England eine Tätigkeit versprochen wird. Da er nicht die ersehnte Festanstellung erhält, muss er sich gezwungenermaßen mühsam mit Möbel- und Ausstattungsentwürfen über Wasser halten.

Erst als er einige Jahre später in der Schweiz erneut eine Professur für Baukunst erhält, beginnt für ihn eine zweite ruhmreiche Schaffensphase. Dank seiner gut bezahlten Stellung kann er auch seine Familie aus Deutschland nach Zürich nachkommen lassen. Viele seiner Schüler sorgen später mit für seinen internationalen Ruhm. Doch auch an den Ort seiner „revolutionären" Aktivitäten kehrt er noch einmal zurück. Als sich über eintausend Kunstfreunde in einer Petition sowie die Ständekammer einstimmig dafür aussprechen, ihn als Architekten für den Neubau des abgebrannten Hoftheaters zu berufen, stimmt er nach längerer Bedenkzeit zu. Statt eines Baus von „zarter Feinheit" wie beim Ersten Hoftheater entwirft er nun einen gravitätischen Prachtbau. Die Bauleitung legt er jedoch ab der Grundsteinlegung in die Hände seines Sohnes, um nach Wien zu gehen, wo er verschiedene Bauaufträge abzuwickeln hat.

Dort gerät er alsbald mit einem ihm zur Seite gestellten Kollegen in Streit und beendet daher seine Architektentätigkeit. Zudem plagen ihn gesundheitliche Probleme. Sein letztes Lebensjahr verbringt er kränkelnd in Italien, wo er seine letzte Ruhestätte in Rom findet.

*Wer mag's sein?*

*Auflösung auf Seite 84*

Auflösung zu Seite 157:
*Antoine de Saint-Exupéry*

## *Sie wird als Tochter eines Generals...*

und Stadtkommandanten geboren. Ihre Familie gehört zum europäischen Hochadel. Ihre Kindheit verbringt sie, ein Mädchen mit sehr heller Haut, blondem Haar und blauen Augen, in einer kühlen, grauen Hafenstadt an der Ostsee. Mut, Wahrheitsliebe und Gehorsam sind die Tugenden, die man ihr einprägt. Für reines Buchwissen hat sie wenig Verständnis, doch sie besitzt Eigensinn und geht an alle Dinge vorurteilslos heran. Schon in frühester Jugend zeigt sie eine große Vorliebe für das männliche Geschlecht.

Als sie dreizehn ist, beginnt ihre Mutter, nach einem Mann für sie Ausschau zu halten. Zwei Jahre später treten beide gemeinsam mit der Kutsche eine vierzigtätige Reise nach Osten an, die sie aus ihrer altvertrauten Umgebung in eine neue, unbekannte Welt bringt. Der Klimawechsel und der seelische Druck, wegen der geplanten Vermählung mit dem für sie auserwählten Bräutigam den Glauben wechseln zu sollen, führen bei der Fünfzehnjährigen zu einer schweren Krankheit, die sie nur dank guter Pflege und eigener Willenskraft überwindet. Zudem hilft ihr ihr aufgeschlossenes Wesen, sich an den angenommenen Glauben sowie die Lebensweise in der Fremde anzupassen. Sie besucht häufig den Gottesdienst und nimmt am religiösen Leben teil.

Schon vor der Trauung mit ihrem „Ausgewählten" bekümmert sie, dass dieser nie die Gelegenheit sucht, mit ihr allein zu sein, nie ein zärtliches Wort findet oder ihr sagt, dass er glücklich mit ihr ist. So erweist sich ihre Ehe alsbald als recht trübselig, und die Beziehungen zu ihrem Mann werden immer lockerer. Als sie einem Jungen und drei Jahre danach einem Mädchen das Leben schenkt, werden ihr diese auf Befehl ihrer Schwiegermutter genommen und in deren Obhut erzogen.

Sobald ihr Mann den Thron bestiegen hat, kommen zu den persönlichen Differenzen noch die politischen hinzu. Bis zu einem gewissen Grad werden ihre Ratschläge akzeptiert, doch an den letzten Entscheidungen wird sie nicht beteiligt. Als sich gegen ihren Mann ein Staatsstreich abzeichnet, hält sie weder zu ihm noch bleibt sie neutral, sondern stellt sich in ihrem lange aufgestauten Hass gegen ihn. Bei seiner mysteriösen Ermordung hat sie ihre Hand mit im Spiel.

Kaum selber auf dem Thron, widmet sie sich tatkräftig den Regierungsgeschäften. Ihr Leitbild fasst sie in die Worte: „Sei gütig, menschlich, zugänglich, mitfühlend und freigebig: deine hohe Stellung soll dir nicht im Wege stehen, dich um die Armen und Niedrigen zu kümmern und dich in ihre Lage zu versetzen." So erlässt sie ein Manifest, mit dem sie Tausenden von Ausländern die Einwanderung ermöglicht. Sie verspricht den Neubürgern Religionsfreiheit, Steuerfreiheit und das Verfügungsrecht über ihr erworbenes Land. Doch auch um die Reform der staatlichen Verwaltung kümmert sie sich. Zudem sorgt sie für Volksschulen und Gymnasien sowie Ingenieurfachschulen. Sie begründet Wohlfahrtsprojekte wie die Einrichtung von Hospitälern und Obdachlosenasylen.

Aber auch den schönen Künsten, der Musik und Literatur gilt ihr kritisches Interesse. Darüber hinaus pflegt sie eine rege Korrespondenz mit führenden französischen Philosophen, Schriftstellern und Vorkämpfern der Gerechtigkeit, die sie sehr schätzt. Diese Verbindung bleibt nicht ohne Einfluss auf ihr politisches Handeln. In einem Toleranzedikt verspricht sie die Duldung aller religiösen Bekenntnisse, lediglich die große Zahl von Juden ist davon ausgenommen.

Später setzen sie revolutionäre Entwicklungen in Frankreich in Furcht und Schrecken und bewirken in ihr einen Sinneswandel, der sie Intellektuelle massiv verfolgen lässt. Sie gewinnt ihre religiösen Überzeugungen zurück und sieht insbesondere in der Kirche ihres Landes ein Bollwerk gegen revolutionäre Subversion. So verwehrt sie ihrer Enkeltochter das, was sie einst selber getan hat, nämlich für eine Eheschließung den Glauben zu wechseln.

Als sich ihr Leben nach einem Schlaganfall dem Ende neigt, kämpft sie um jeden Atemzug. Nach ihrem Tod heißt es: „Es schien, dass der Tod, der diese große Frau dahinraffte und ihren großen Werken ein Ende setzte, ihren Leib einem friedlichen Schlaf überließ."

*Wer mag's sein?*

*Auflösung auf Seite 116*

Auflösung zu Seite 145:
*Astrid Lindgren*

## *Er wird als zweiter Sohn eines Kunstmalers...*

und Akademieprofessors geboren. Sein katholischer Vater und seine calvinistische Mutter sorgen für eine humanistische Erziehung. Als Siebzehnjähriger beschäftigt er sich mit Literatur und Philosophie, insbesondere mit Friedrich Nietzsche. Nach seinem Abitur liebäugelt er zunächst mit dem Studium der Theologie, verwirft dann aber den Gedanken an einen geistlichen Beruf und schreibt sich für ein Philosophiestudium ein. Als er vor Beginn seines Studiums seinen einjährigen Militärdienst ableisten muss, kommt er zum ersten Mal mit Pferden in Kontakt. Dabei erkennt er seine künstlerische Bestimmung und entschließt sich plötzlich, es seinem Vater nachzutun. Diese Entscheidung überrascht die gesamte Familie.

Im ersten Jahr an der Kunstakademie besucht er eine Zeichenklasse, in der er nützliche anatomische Unterweisungen bekommt. Aber dies reicht ihm nicht für eine angemessene künstlerische Entfaltung. Deshalb reist er mit einem Studienfreund in die Bretagne und nach Paris. Dort besucht er vormittags die Museen,

wo er Bilder kopiert, nachmittags zeichnet er in den Straßen. Er studiert die örtlichen Sehenswürdigkeiten und begegnet anderen Künstlern. Das Leben in der französischen Metropole regt ihn in mannigfaltiger Weise an. Voller Teilnahme an dem völlig Neuen dieser Welt, das unverbindlich und leichter zu leben lehrt, als er es bis dahin gewohnt ist, fühlt er sich in einem Glückszustand. Dennoch reicht dies Erleben nicht aus, um die eigene Form zu prägen und zu festigen. Zeitweilig verfällt er einer daseinsmüden Stimmung. Vergeblich ist sein Bemühen, schöpferisch wirklich zu werden.

Er kehrt an seinen Geburts- und Studienort zurück, doch bald ist er vom akademischen Unterricht enttäuscht und verlässt die Kunstakademie. Stattdessen richtet er sich ein Atelier ein. Bald darauf unterhält er eine leidenschaftliche Affäre mit einer um neun Jahre älteren und verheirateten Kunst- und Antiquitätenkennerin. Als diese die Verbindung nach einigen Monaten auflöst, findet er Trost bei zwei anderen Malerinnen, die er beide nacheinander heiraten wird.

Doch zunächst will ihn sein Bruder von den emotionalen Belastungen ablenken, zumal er zur Schwermut und zum Grübeln neigt. Er nimmt ihn auf eine Reise nach Griechenland mit. Wieder in die Heimat zurückgekehrt, geht er überstürzt seine erste Ehe ein. Diese hält freilich kaum einen Tag, denn bereits in der Nacht nach der Trauung trennt er sich von seiner Frau für immer und reist nach Paris. Dieser eigenwillige Schritt, bei dem ihm niemand hilft, den er ganz um seiner selbst willen vollzieht, befreit ihn und löst endlich seine Energien aus. Er beendet sein inneres Chaos und seine Depressionen.

In Paris und später in München findet er zu einem Neuanfang, zu einer eigenen, selbstständigen zeichnerischen Form. Anfangs hat er niemanden, mit dem er verbunden ist, mit dem er Erfahrungen über Fragen der Stilisierung von Farben austauschen kann. Schließlich schließt er mit einem jüngeren Maler

Freundschaft, die bis zu seinem Tod besteht und der er manchen Impuls, lebhafte Kritik und förderliche Anerkennung verdankt. Seine zweite Heirat bringt ihm eine stabile Beziehung.

Bald arbeitet er erfolgreich mit einer Gruppe von Künstlern zusammen, die die Auffassung vertreten, dass jeder Mensch eine innere und eine äußere Erlebniswirklichkeit besitzt, welche durch die Kunst zusammengeführt werden soll. Gemeinsam präsentieren sie ihre Kunst in zahlreichen Ausstellungen, und ihre Werke werden wegbereitend für die gesamte Moderne Kunst des zwanzigsten Jahrhunderts.

Als er als Kriegsfreiwilliger ins Feld zieht, werden die letzten zwei Jahre seines Lebens zur unablässigen Erprobung seines Glaubens. Selbst im Krieg sieht er einen sinnvollen Bestandteil seines Lebens. Das macht ihn standhaft und ruhig. Zum Malen bleibt ihm allerdings keine Gelegenheit mehr, er zeichnet nur noch. Für seine Person fürchtet er den Tod nicht, nur für sein Werk, das er unfertig zurücklassen muss. Noch nicht vierzigjährig, wird er – inzwischen Leutnant der Reserve – während eines Erkundungsgangs von zwei Granatsplittern tödlich getroffen. Am nächsten Morgen setzte man ihn im Garten eines nahe gelegenen Schlosses bei. Später wird man seinen Leichnam in seine Heimat überführen und dort beerdigen.

*Wer mag's sein?*

*Auflösung auf Seite 64*

Auflösung zu Seite 137:
*Bernadette Soubirous*

# Einige Wochen zu früh geboren...

bleibt sie Zeit ihres Lebens klein und zierlich. Ihr genaues Geburtsdatum ist umstritten, weil im Taufregister der Pfarrkirche ihr Geburtsdatum wegen mindestens einer Berichtigung nicht zu identifizieren ist. Ihre Familie von katholischem Adel sorgt für eine strenge Erziehung. Sie soll andauernd zur Messe, sticken und häkeln. Lediglich Musik ist ihr erlaubt. Hier liegt neben Sprachen eine ihrer Begabungen. So erwirbt sie gründliche Latein-, doch nur wenig Griechischkenntnisse. Sie kann fließend französisch sowie etwas englisch und holländisch sprechen. Darüber hinaus liest sie viel und erzählt gern. Mit Sagen, Liedern und Märchen kennt sie sich gut aus. Theater begeistert sie, doch selbst darf sie nicht spielen.

Bedingt durch ihre Frühgeburt, ist sie in ihrer Kindheit und Jugend kränklich. Sie leidet häufig unter Kopfschmerzen, hat Magenschmerzen und findet wenig Schlaf. Ihre erste Jugendfreundschaft scheitert. Dieses Erlebnis verstört das feinfühlige Mädchen von Grund auf. Über viele Jahre meidet sie den Ort der Enttäuschung.

Sie versucht sich an religiösen Gedichten. Da sie schlecht sieht, muss sie immer dicht übers Papier gebeugt schreiben. Was sie schreibt, ruft argwöhnischen Spott hervor, durch den sie verschlossen, scharfzüngig und bissig, spröde, unbeliebt und leidend wird. Doch ihre Mutter erkennt ihr literarisches Talent und unterstützt sie, Kontakte zu Verlegern herzustellen. Der Erfolg lässt zunächst auf sich warten, da eingesandte Manuskripte für nicht ausreichend erachtet werden. Aber sie lässt sich nicht entmutigen und unterhält regen brieflichen Kontakt mit bedeutsamen Intellektuellen ihres Landes.

Neben dem Schreiben helfen ihr Reisen. Wenn sie aus der häuslichen Enge in die Weite kommt, erholt sie sich jedes Mal. So auch, als sie in Köln dem Stapellauf des ersten deutschen Passagierdampfers auf dem Rhein beiwohnen darf. Ihren Eindruck über die technische Neuerung fasst sie in den Worten zusammen: „Ein großes Dampfschiff ist Etwas höchst Imposantes, man kann wohl sagen, Fürchterliches."

In der rheinischen Metropole erlebt sie unbeschwerte, leichtlebig tolle Tage, die all ihre Trübsal verfliegen und sie aufleben lassen. Doch als sie in ihre Heimat zurückkehrt, trifft sie ein schwerer Schicksalsschlag, da ihr Bruder nach einem Blutsturz plötzlich stirbt. Sie verfällt wieder in Schwermut und vergräbt sich ganz in ihre dichterische Arbeit.

Allmählich findet sie ihre Selbstachtung wieder und beginnt sich dem altbackenen Gehabe zu widersetzen, von dem sie zuhause umstellt ist. Doch das wird von ihrer Familie nicht hingenommen. Sie wird zurechgewiesen und muss sich fügen, abhängig und arm wie sie ist. Ihr genügsames Leben bestreitet sie aus einer beschränkten Leibrente, die ihr ausgesetzt worden ist, sowie einem kleinen Erbe.

Im Alter von vierzig Jahren reist sie zu ihrer geliebten Schwester in die Schweiz, wo sie die Berge begeistern. Wälder, Quellen und Wiesen regen sie zu eindrucksvollen Schilderungen an. Das Schreiben fällt ihr leicht. So gibt sie blühend das Land wieder, das sie lebenslang umgibt. Zu einem wichtigen Zeugnis ihrer tiefen Religiosität wird ein Gedichtzyklus, in dem sie die Zerrissenheit des Menschen zwischen aufgeklärtem Bewusstsein und religiöser Suche thematisiert. Eine große Freude wird ihr zuteil, als ein Verlag ihren Gedichtband herausbringt. So findet ihr Schaffen den verdienten Widerhall in der Öffentlichkeit. Mit dem Honorar des Buches kann sie sich sogar ein Seegrundstück mit Häuschen kaufen. Dort genießt sie den Rundblick über die Berglandschaft. Sie verfasst weitere lyrische Gedichte voller Liebe zu allem Erschaffenen sowie letzte geistliche Gesänge.

Am Ende ihres Lebens erlebt sie noch revolutionäre Tage in ihrem Lande, die sie zutiefst erschrecken. Doch vom Sieg der Bürger hört sie nichts mehr. Zwar lindern gute Pflege und mildes Klima kurzfristig ihre schwere Erkrankung. Doch sie täuscht sich über ihren Zustand nicht hinweg. Sie weiß, dass es zu Ende geht und ist es zufrieden. Mit „Letzten Worten" verabschiedet sie sich aus dieser Welt. Nach einem Blutsturz stirbt sie plötzlich und allein.

*Wer mag's sein?*

*Auflösung auf Seite 16*

Auflösung zu Seite 69:
*Caspar David Friedrich*

# *Er wird als Sohn königlicher Eltern...*

geboren. Seine Jugend verbringt er in einer Landschaft, die zu den schönsten Europas gehört. Bei mittlerer Größe hat er einen kräftigen Körperbau. Er ist geschickt in allen Leibesübungen und ein vorzüglicher Reiter. Da das Verhältnis zwischen Vater und Sohn keineswegs frei von Konflikten ist, fürchtet er, von der Thronfolge ausgeschlossen zu werden. Er flieht mit seiner Mutter außer Landes. Obwohl seine Thronfolge weiterhin unsicher ist, kehrt er nach einem halben Jahr wieder an den väterlichen Hof zurück.

Als sein Vater von einem Leibgardisten ermordet wird, folgt er zwanzigjährig diesem auf den Thron. Der Anblick seines getöteten Vaters verfolgt ihn für den Rest seines Lebens, denn es zeigt ihm deutlich, dass er stets mit der Gefahr eines Mordanschlags rechnen muss und nicht einmal einem Leibgardisten trauen kann. Das Reich, das er übernimmt, hat sein Vater – nicht zuletzt durch eine effektive Streitkräftereform – zur stärksten Militärmacht seiner Zeit gemacht. Schon in den ersten Tagen seiner Regentschaft lässt er Mitglieder des Hofstaats, die er als Quelle von Gerüchten vermutet, er habe etwas mit der Ermordung seines Vaters zu tun gehabt, hinrichten.

Kurz darauf zieht er mit einer starken Streitmacht gen Norden, um Stämme, die sich gegen seine Herrschaft auflehnen, zu bestrafen. Danach versichert er sich der Loyalität von Stadtstaaten an der Südgrenze seines Reiches. Zeigt sich in einer eroberten Stadt Widerstand gegen seine Besatzungstruppen, schreckt er nicht davor zurück, zur Bestrafung sämtliche Gebäude mit Ausnahme der Tempel zerstören und zahlreiche Einwohner töten bzw. in die Sklaverei verkaufen zu lassen. Zwei Jahren später führt er seine Truppen in einen Krieg gegen einen mächtigen Gegner. Dabei kommt ihm zugute, dass er als Befehlshaber ein Genie ist. Im Umgang mit seinen Soldaten beweist er viel Humor und gegenüber seinen Generalen zeigt er angemessene Höflichkeit. In jedem Gefecht geht er seinen Soldaten voran, denn er besitzt den Ehrgeiz, sie im Kampf zu übertreffen. So reißt er sie durch seine Tapferkeit mit.

Das erste für ihn erfolgreiche Kriegsjahr endet im ersten Winterfeldzug der Geschichte. Sein Geschick in der Menschenführung seiner Soldaten stellt er unter Beweis, als er die Jungvermählten unter ihnen in die Heimat schickt, damit sie den Winter bei ihren Frauen verbringen können. Dies trägt ihm große Popularität ein.

Er selbst gibt sich nach den Strapazen seiner Feldzüge einem Vergnügen hin, das nicht weniger anstrengend und gefährlich ist. Er liebt die Löwenjagd. Bei einer solchen wird er von einem Löwen angefallen, doch ein treuer Jagdgefährte stürzt sich unerschrocken auf das gefährliche Tier und tötet es.

Seine militärischen Erfolge zu Lande werden zunächst durch die starke Kriegflotte des Gegners gefährdet. Doch schließlich führt seine Strategie der Eroberung feindlicher Territorien zum Sieg seiner Landmacht über die gegnerische Seemacht. Zu seiner Kriegsstrategie gehört es, keine neue Phase des Kampfes zu beginnen, bevor nicht das bisher eroberte Gebiet gefestigt und militärisch gesichert ist.

Schließlich stellt er eine Flotte auf, zu der Einheiten vieler Völker gehören. Sie soll die Basis für einen florierenden Seehandel zwischen den Kontinenten bilden, der allen Küstenvölkern in seinem Machtbereich Wohlstand bringen soll. Diesem Ziel dient auch die Gründung zahlreicher Städte. Sie sollen, soweit sie an der Küste liegen, als Endpunkte des Handels aus dem Inland und Umschlaghäfen von Gütern dienen. Eine von diesen entwickelt sich zu einer strahlenden Metropole der Wissenschaft, der Kunst und des Welthandels.

Seine militärischen Erfolge verleiten ihn, immer weiter über die Grenzen seines Reiches hinaus vorzustoßen. Selbst weiträumige Regionen mit schwierigem Gelände, hohen Gebirgen und ausgedehnten Wüsten schrecken ihn nicht ab, selbst wenn sie von kriegerischen Völkern entschlossen verteidigt werden. Doch zu seinen Vorhaben gehören auch wissenschaftliche Erkundungen von Gebieten, die den Wissenschaftlern seines eigenen Volkes bisher weitgehend unbekannt sind.

Bei den Vorbereitungen einer großen Expedition, mit der er neue Seewege erforschen und erschließen will, stirbt er an einem nur wenige Tage dauernden Fieber, vermutlich Malaria. Seine Leiche wird einbalsamiert und in einem pompösen Trauerzug auf einem kostbar geschmückten Wagen in die bedeutsamste der von ihm gegründeten Städte überführt und dort in einem Glassarg beigesetzt.

*Wer mag's sein?*

*Auflösung auf Seite 12*

Auflösung zu Seite 181:
*Charles-Maurice de Talleyrand-Périgord*

# *Er wird als dritter Sohn...*

in eine süddeutsche, katholische Adelsfamilie geboren. Obwohl er zarter als seine älteren Zwillingsbrüder ist, nimmt er es beim Spiel mit ihnen sowie den übrigen Dorfjungen mit den Verwegensten auf, ohne Scheu vor Pferden oder hochbeladenen Heuwagen. Als Zehnjähriger beginnt er, intensiv Cello zu spielen. Wegen immer wiederkehrender Krankheiten muss er schließlich der Schule fernbleiben. Sein Abitur legt er deshalb als „außerordentlicher" Teilnehmer ab.

Trotz seiner anfälligen Gesundheit meldet er sich zum Reichsheer. Für die Wahl des Truppenteils ist seine Liebe zum Pferd wichtig. Seine Eltern, die eine skeptische Einstellung gegenüber der jungen Republik haben, stimmen erst allmählich seiner Berufswahl zu, vornehmlich aus Achtung vor seiner persönlichen Entscheidung. Er will dem Reich in seiner Not und Schwäche aktiv durch die Tat helfen und nicht beiseite stehen.

Anfangs gerät er in seiner militärischen Ausbildung bei körperlichen Anstrengungen in Erschöpfungszustände, die er jedoch mit eisernem Willen überwindet. Seine Vorgesetzten beurteilen ihn als einen über den Durchschnitt herausragenden, temperamentvollen Soldaten, der militärisch und künstlerisch vielseitig interessiert ist und einen außerordentlichen Einfluss insbesondere auf jüngere Kameraden hat. Die Offiziersprüfung schließt er als Jahrgangsbester ab.

Im Kameradenkreis dominiert er in Gesprächen durch seine Klarheit, Direktheit und Brillanz. Er doziert gerne und neigt dazu, nichts ungeprüft zu übernehmen. Offensiv vertritt er seine eigene Meinung gegenüber abweichenden Standpunkten von Gesprächspartnern. Mitunter provoziert er, um den Dingen auf den Grund zu gehen oder vielfältige Aspekte herauszuarbeiten. Wenn er auf Illoyalität oder Pflichtvergessenheit zu stoßen glaubt, wird er scharf und verletzend.

Er sieht das Ende der Republik kommen und begrüßt die Forderungen der nationalen und nationalistischen Oppositionsparteien, Deutschland den anderen europäischen Großmächten wieder gleichzustellen. Dennoch nimmt er mit seinem Sinn für Recht und Anstand die Republik und die schwarzrotgoldene Fahne, auf die er einen Eid geschworen hat, gegen Verunglimpfungen in Schutz.

Als es zum Zweiten Weltkrieg kommt, begeistert er sich über erfolgreiche Feldzüge. Bald erkennt er jedoch chaotische militärische Führungsstrukturen, das Hauptübel jeglicher Generalstabsarbeit. Für ihn selbst zeichnet sich eine brillante Karriere ab. Doch auch ihn trifft das Schicksal vieler Kameraden, als er bei einem Tieffliegerangriff am Kopf und den Händen schwer verwundet wird. Obwohl er nun eigentlich dienstuntauglich ist, betreibt er seine Weiterverwendung.

Denn nicht erst sein Überleben nach seiner schweren Verwundung bestärkt ihn in der Überzeugung, dass er etwas tun müsse, um Deutschland vor der endgültigen Katastrophe zu bewahren. Schon in den Monaten vorher sind ihm an der Front angesichts verbrecherischer Deportationen und systematischer Morde sowie einer brutalen Besatzungspolitik immer mehr Zweifel gekommen, ob diese Form der Kriegsführung noch mit verantwortlichem Soldatentum zu vereinbaren sei. Dabei bringt ihn das Bewusstsein, an verantwortlicher Stelle zu stehen und nicht sachgemäß handeln zu können, der Verzweiflung nahe.

So wandelt er sich vom einstigen Anhänger der nationalsozialistischen Bewegung zum entschiedenen Gegner des Regimes. Gemeinsam mit militärischen und zivilen Widerständlern arbeitet er an Konzepten für die Wiederherstellung des Rechtsstaats, denen es allerdings an einem Konsens über die anzustrebende Staatsform fehlt.

Schließlich kommt er zu der Überzeugung, dass es nicht mehr um das Vaterland, sondern um das Volk gehe. In einer militärisch ausweglosen Lage müsse weiteres Blutvergießen und ein letztes furchtbares Chaos vermieden werden. Er erkennt, dass etwas um der Ehre willen unternommen werden müsse. So opfert er als praktizierender Christ im Kampf gegen das Unrecht eines menschenfeindlichen Systems sein Leben, um sein Seelenheil und die Ehre zu bewahren.

*Wer mag's sein?*

*Auflösung auf Seite 124*

Auflösung zu Seite 121:
*Leo Trotzki*

# *Als er in einem malerischen ...*

südwestdeutschen Städtchen geboren wird, ist sein Vater im Krieg. Wenige Monate später verlässt seine Mutter mit ihm und seiner älteren Schwester den freundlichen Ort und folgt ihrem Mann ins Winterquartier. Behütet von seiner frommen Mutter und fest geführt von seinem strengen, tatkräftigen Vater, wächst er heran. Lernen, lernen ist die elterliche Erziehungsmaxime, doch auch an väterlicher Prügel mangelt es nicht.

Mit sieben Jahren kommt er auf eine Lateinschule, und schon bald gehört er zu den Besten seiner Schulklasse. Sieben Unterrichtsstunden täglich und sonntags nach dem verpflichtenden Gottesdienst religiöse Übungen lassen kaum Raum für die Kindheit. Starken Einfluss auf seinen werdenden Geist und seine empfängliche Seele übt sein glaubensstarker Pfarrer aus.

So entwickelt sich sein Wunsch, Pfarrer zu werden und auf eine lauschende Gemeinde mit der Macht des Wortes zu wirken.

Doch dieses Lebensziel bleibt ein Traum, da sein Landesherr ihn in seiner Militärschule haben will, und dessen Wille ist Befehl. Mit der Rechtskunde, zu der er neben den normalen Unterrichtsfächern verpflichtet wird, vermag er sich nicht anzufreunden. Tanzen liegt ihm ebenso wenig wie Reiten. Sein Interesse und seine Leidenschaft gelten der literarischen Lektüre und der eigenen Dichtung.

Als er ein neues Schwerpunktfach, die Medizin, wählen darf, findet er in ihr eine Wissenschaft, die sich dem Menschen zuwendet und ihm tiefe Einblicke in das Wesen der menschlichen Natur gibt. Schnell wird aus einem faulen ein fleißiger Schüler. Nunmehr stillt er ehrgeizig seinen Wissensdurst und wird so Jahrgangsbester. Nach seinem Examen wird er als – schlecht bezahlter – Militärarzt verpflichtet. Nun findet er die lang ersehnte äußere Freiheit in einer Art derben Burschenlebens. Aus Nachlässigkeit oder absichtlich verschreibt er den Soldaten oftmals Pillen und Arzneimixturen in viel zu hohen Dosen. Sein ihm wohlwollender Vorgesetzter korrigiert die Rezepte.

Mehr Anerkennung findet er auf einem anderen Gebiet seines Könnens. In seiner Dichtung erfasst er den neuen Geist seiner Epoche und wird so zum Führer einer revolutionär gesinnten Jugend. Als dies sein Landesherr als Gefahr erachtet und ihm Schreibverbot erteilen will, verlässt er in einer stürmischen Herbstnacht seine Heimat. Es folgen unstete Wanderjahre, in denen er – oftmals mittellos – Enttäuschungen, Demütigungen sowie äußere und innere Not überwinden muss. Doch schließlich findet er in der Nähe seiner Heimat für ein Jahr eine Anstellung am Theater. Die Honorierung ist an die Verpflichtung gebunden, Auftragsarbeiten abzuliefern. Alsbald erkrankt er schwer und versucht sich mit Wassersuppe und Fieberrinde zu heilen. Dank der Hilfe von Freunden und seiner Familie, die ihm in dieser Zeit mit Geld, Kleidung und Wäsche versorgen, findet er seine Schaffenskraft wieder.

Als sein Arbeitsvertrag nicht verlängert wird, reist er weiter durchs Land, bis er vorübergehend den Ort findet, den er zwar als „schlechtes Nest" charakterisiert, von dem er sich jedoch gleichzeitig angezogen fühlt. Immer noch in Geldnöten, versucht er durch Geschichtsstudien Einkünfte zu erzielen. Dies bringt ihm einen Lehrstuhl für Geschichte ein, der mit einem erneuten Ortswechsel verbunden ist.

Kurz nachdem er sich eine feingebildete Lebensgefährtin erwählt hat, trifft ihn eine schwere, nie mehr ganz heilbare Krankheit, die mehr als einmal den qualvoll Leidenden an den Rand des Grabes führt. Sie zwingt ihn einige Jahre später, sein Lehramt aufzugeben und ins „schlechte Nest" zurückzukehren. Dort findet er seinen älteren Freund, mit dem er den „Bund des Ernstes und der Liebe" schließt und dem er zum besten Helfer in der Leitung des Hoftheaters wird. Die akademische Jugend huldigt ihm wie einem Fürsten, da er ausspricht, was sie im tiefsten Innern bewegt. Gleichzeitig bessert sich durch seine erfolgreiche Arbeit seine finanzielle Lage, er wird ein gut verdienender Bürger.

Immer tiefer sinken allerdings die Schatten des Leidens auf die letzte Strecke seines Erdenweges herab. Schließlich verstirbt er an einem Maientag an den Folgen einer Lungenentzündung. Einige Jahre später gedenkt seiner sein älterer Freund mit den Worten: „Das war ein rechter Mensch, und so sollte man auch sein."

*Wer mag's sein?*

*Auflösung auf Seite 72*

Auflösung zu Seite 93:
*Edgar Degas*

# *Kurz nach Frühlingsanfang...*

wird er als Sohn eines Hoftrompeters und Stadtpfeifers geboren. Da der Tod im Kindesalter immer gegenwärtig ist, wird er schon zwei Tage nach seiner Geburt in der Kirche getauft, in der sein Onkel seit vielen Jahren als Organist tätig ist. Sein erstes Lebensjahrzehnt verbringt er in seinem Geburtsort, einer kleinen Residenzstadt am Fuße eines deutschen Mittelgebirges. Neben der Religion ist es die Musik, die dieser Gegend das Gepräge gibt. Dazu gehören die Kirchenorgeln, die Rathausturmbläser oder die armen Kurrendesänger vor den Türen der Bürgerhäuser.

Bereits als Achtjähriger ist er ein sehr aufgewecktes Kind, und häufig zieht es ihn in die Hauptkirche zu seinem Onkel. Neben ihm sitzt er auf der Orgelbank, zieht die Register, wendet die Notenblätter und hört fasziniert den Stimmen der Gottesdienstbesucher zu. In der Schule ist er seinen Mitschülern stets ein Stück voraus. Der Schulkantor entdeckt sein stimmliches Talent, und bald schon singt der Knabe im Chor. Das

Kurrendesingen wird zu einem festen Bestandteil seiner Einkünfte, die für seine Familie sehr wichtig sind. Besonders gerne wird er sich später an das Neujahrssingen in den umliegenden Dörfern seiner Heimatstadt erinnern.

Doch schon bald endet sein glückliches und sorgenfreies Leben, als vier seiner Geschwister und seine Mutter sterben. Als bald darauf auch sein Vater stirbt, kommt er bei seinem älteren Bruder in einem Nachbarstädtchen unter. An der dortigen Lateinschule hat Musik eine herausgehobene Stellung im Lehrplan, und wiederum gehört der Waise zu den Jüngsten sowie zu den Besten seiner Klasse. Zudem unterweist ihn sein Bruder, der seine Liebe, ja Besessenheit zur Musik schnell erkennt, im Klavier- und Orgelspiel und vermittelt ihm darüber hinaus Kenntnisse über die großen Orgelmeister.

Da ihm die finanziellen Mittel fehlen, kommt für ihn ein Universitätsstudium nicht in Betracht. So begibt er sich wenige Tage vor seinem fünfzehnten Geburtstag auf Wanderschaft. Gemeinsam mit einem Schulkameraden geht es zu Fuß oder geduldet auf den harten Sitzen schlechter Fuhrwerke durch Sumpf- und Heidegebiete. Fernab der Heimat erreichen sie ihr Ziel, wo sie als bürgerliche Freischüler in einem Internat für Adlige Aufnahme finden.

In dieser klösterlichen Eliteschule wird ihm und seinen Mitschülern bedingungslos Leistung und Disziplin abverlangt. Doch bald werden seine musikalischen Fähigkeiten erkannt und gefördert. Als er seine schöne Knabenstimme verliert, wird er als Violinist und Hilfsorganist eingesetzt.

Darüber hinaus nimmt er jede Gelegenheit wahr, sich fortzubilden. Wissbegierde, Fleiß und Widerstandsfähigkeit formen den Sechzehnjährigen zu einer Persönlichkeit, die künftig alle wichtigen Entscheidungen im vollen Verantwortungs-bewusstsein treffen wird. Um äußerlich vor den Söhnen aus „höherem Hause" bestehen zu können, übt er sich nicht nur in französischer Konversation, sondern kleidet sich auch französisch.

Besonders erfreut es ihn, als er einen begabten Orgelbauer kennen lernt, mit dessen Hilfe er tief in die Geheimnisse des Orgelbaus eindringt. So wird er selbst zu einem geschätzten Orgelsachverständigen, der immer wieder zu Inspektionen und Abnahmen gerufen wird. Ergänzend erhält er an der „Ritterakademie" eine vorzügliche Allgemeinbildung und ein festes lutherisch-orthodoxes Weltbild.

Nach dem erfolgreichen Abschluss der Klosterschule zieht es ihn wieder in seine Heimat zurück, wo die meisten seiner Verwandten leben. Es fällt ihm nicht schwer, dank seines Könnens nach einander in verschiedenen Orten eine Anstellung zu finden. Dabei zeigen sich bald charakteristische Züge in seinem Wesen: Unnachgiebig und halsstarrig kann er sein.

Sobald sich seine finanzielle Lage – nicht zuletzt dank einer Erbschaft – gebessert hat, heiratet er. In seiner Frau findet er eine fachkundige Beraterin seines Schaffens, doch es dauert noch einige Jahre, bis familiäres Wohlergehen und Wohlstand sein Dasein bestimmen. Schließlich findet er eine Kirchengemeinde, in der er über nahezu dreißig Jahre das gesamte Spektrum seiner künstlerischen Fähigkeiten entfalten kann.

Als er ins Pensionsalter kommt, verschlechtert sich sein Allgemeinzustand, insbesondere seine Sehkraft lässt nach, bis er nahezu blind wird. Dann trifft ihn ein Schlaganfall, ihm bleiben nur noch wenige Tage. Er erhält das letzte Abendmahl und stirbt dann knapp eine Woche später. In einem Zeitungsnachruf wird er als ein Mann gewürdigt, der sich durch seine Kunst einen unsterblichen Ruhm erworben hat. *Wer mag's sein?*

*Auflösung auf Seite 100*

Auflösung zu Seite 129:
*Edith Stein*

# *Einem hohen Adeligen...*

wird er als einziger Sohn geboren. Die Geburt, deren Ort und Datum unbekannt sind, ist schwer, und die viel zu junge Mutter wird sich davon nie mehr so recht erholen. Als stämmiger, untersetzter Bursche mit dunklem Haar und auffallend dunklen Augen entwickelt er sich zu einem guten Reiter und geschickten Bogenschützen, gewandt beim Umgang mit Armbrust und Schwert. Seinen Vater, der dauernd im Krieg ist, sieht er wenig. Seine Erziehung liegt in den Händen des Klerus und von Hofdamen.

Mit achtzehn Jahren heiratet er zum ersten Mal. Bald zeigt sich das doppelte Gesicht seiner Charakterzüge. Er ist ein Machtmensch, der rücksichtslos und wider alles Recht an sich reißt, was ihm gerade zum Ausbau seiner Macht nützt. So schwingt er sich gegenüber zahlreichen Adelsherrschaften im Lande zum Oberlehnsherrn auf, wobei er seine Befugnisse über-

schreitet. In seiner Skrupellosigkeit ruht er nicht, bis er seinen jeweiligen Gegner so tief gedemütigt hat, dass dieser von nun an sein Todfeind sein muss. Die große Kunst, dem anderen immer noch die Chance zu lassen, als Feind von heute vielleicht der Verbündete von morgen zu sein, wird er nie beherrschen. Die Hingabe an ein hohes Ideal ist ihm ebenso fremd; er hat nur ein Ideal: sich selbst.

Die glänzende Kehrseite seiner Machtpolitik ist seine Leidenschaft für religiöse Kunstschätze, die er sammelt oder herstellen lässt. Darüber hinaus unterstreicht er durch seine Bauten seine Rangstellung. So lässt er sich eine feste Residenz bauen, die einer Königspfalz gleicht.

Da seine Frau keinem männlichen Stammhalter das Leben schenkt und der politische Nutzen der Verbindung schwindet, wird seine Ehe mit der Begründung geschieden, beide Eheleute seien zu nahe verwandt. Sechs Jahre später heiratet er erneut. Bei der Wahl seiner zweiten, erst zwölfjährigen, hübschen und klugen Braut ist Liebe nicht im Spiel. Für ihn zählt vor allem die reiche Mitgift seiner Auserwählten aus königlichem Geblüt. Mit dieser Ehe begründet er die engen Beziehungen zwischen seinem Herrscherhaus und einer bedeutsamen europäischen Krone. In den nachfolgenden Jahren stellen sich die lang ersehnten Erben an seinem Hof ein.

Gleichzeitig erkennt er, dass die höchste Krone im Reich für ihn nicht erreichbar ist. So nutzt er als pragmatischer Herrscher jede Chance, Besitz um Besitz an sich zu reißen und damit sein Herrschaftsgebiet in Richtung Norden und Osten kontinuierlich auszuweiten. Dabei kennt er abermals keine Skrupel, weder im Prinzip noch in der Methode. Zuweilen tritt er als Eroberer auf, im Allgemeinen bevorzugt er die bewährte Rolle des lachenden Erben. Wie zu seiner Zeit üblich, unternimmt er eine Pilgerreise ins Heilige Land. Nach seiner Rückkehr ist sein Hauptanliegen, seine Herrschaft auf Dauer zu festigen. So ergreift er Maßnahmen, die in seinem Land eine einheitliche, von ihm unmittelbar selbst kontrollierte Verwaltung schaffen sollen. Doch am Ende seiner glanzvollen dreißigjährigen Herrschaft erweist sich sein Bemühen um eine grundsätzliche Reform der Verwaltungsstruktur als gescheitert. Erfolgreicher ist er mit seiner Städtepolitik, mit Neugründungen und Städteausbau. In den Städten und ihren Menschen findet er seine besten Verbündeten.

In seinem Bestreben, sich als Landesherr zwischen Kaiser und Adel zu schieben, verletzt er die kaiserlichen Rechte. Dabei übersieht er als Machtmensch die sich anbahnende Verrechtlichung der innerstaatlichen Verhältnisse. Stolz und trotzig weigert er sich, auf die gegen ihn erhobenen Vorwürfe Rede und Antwort zu stehen. Die Quittung erhält er, als er geächtet wird und ihm auf dem Rechtsweg seine Herzogtümer entzogen werden. Ihm bleiben nur seine Eigenbesitzungen, und so stürzt er tief vom Reichsfürsten zum Edelfreien. Doch damit nicht genug, schließlich wird noch die Verbannung gegen ihn ausgesprochen. Daraufhin geht er ins Exil an den Hof seines königlichen Schwiegervaters.

Einige Jahre später kehrt er in seine prächtige Residenz zurück. Mühsam muss er sich dort durch die Räume schleppen, da sich ein Bein verkürzt hat. Zu seiner letzten großen Leidenschaft wird ihm, einem sein Leben lang ganz unintellektuellen Menschen, das Lesen. Da er immer schlechter sieht, muss er einen Vorleser beschäftigen. Als sich sein Leben dem Ende nähert, versammelt sich der Klerus um sein Sterbelager und spricht die letzten Gebete. An einem Augusttag stirbt er nach einem langen Krankenlager in seiner geliebten Burg mit den Worten „Gott sei mir Sünder gnädig!"

*Wer mag's sein?*

*Auflösung auf Seite 92*

Auflösung zu Seite 197:
*Ernest Hemingway*

# *Sieben Wochen früher als erwartet...*

wird er im Schloss seines Großvaters geboren. Seine Mutter erscheint ihm wie eine Märchenprinzessin, die er meistens nur von ferne sieht. Seinen exzentrischen Vater, der politischen Ehrgeiz entwickelt und schnell in politische Führungspositionen aufrückt, verehrt er glühend. Ihm wird er später eine große Biographie widmen. Seine Herkunft sichert ihm in seiner Jugend die Aufnahme in renommierte Internate. Er empfindet allerdings die Zeit dort als für ihn unerfreuliche Jahre, die von Missbehagen, Zwang und trostloser Eintönigkeit geprägt sind. Das autoritäre Erziehungssystem widerstrebt ihm, seine Leistungen als Schüler sind eher mangelhaft und er bleibt mehrfach sitzen. Nach der Schulzeit bewirbt er sich beim Militär, fällt jedoch zweimal durch die Aufnahmeprüfung. Schließlich kommt er doch noch als Kadett zur Militärakademie und wird mit einundzwanzig Jahren Kavallerie-Leutnant.

Auf der Militärakademie und in der Armee fühlt er sich zum ersten Mal am richtigen Platz. Hier findet er Kameradschaft und Abenteuer. Er beginnt leidenschaftlich zu lesen und die versäumte Bildung nachzuholen. Harte Arbeit scheut er nicht, sofern nur sein Ehrgeiz, seine Begeisterung und sein Dienst an der Sache sich halbwegs verbinden lassen. Als aktiver Soldat und Kriegsberichterstatter nimmt er an fünf verschiedenen Kolonialkriegen teil. Im zweiten Burenkrieg wird er gefangen genommen, doch ihm gelingt eine spektakuläre Flucht in die fast fünfhundert Kilometer entfernte portugiesischen Kolonie Mosambik.

Mit sechsundzwanzig Jahren nimmt er Abschied vom Militär und lässt sich ins Parlament wählen. Sein erster spektakulärer Auftritt dort ist sein demonstrativer Parteiwechsel. In der neuen Partei gehört er zum sozialreformerischen Flügel. Bald gilt er in der Öffentlichkeit als draufgängerischer, aber auch bewunderter Radikaler.

Als er gut acht Jahre später heiratet, geht er eine glückliche Beziehung ein, doch von einer großen Leidenschaft lässt sich nicht sprechen. Seinen Kindern ist er ein zärtlicher und nachsichtiger Vater, der seine Kinder eher verzieht als ihnen mit Strenge zu begegnen. Zur wahren Heimat wird ihm jedoch das Parlament, das ihm in seiner langen politischen Laufbahn die Atmosphäre, die Arena bietet, die er braucht und liebt. Ihn fasziniert der politische Kampf in seiner rhetorischen Form. Sich gegen gegnerische Strömungen zu stemmen und wenn möglich zu siegen – auch gegen die eigene Partei –, das wird zu seinem Lebenselement.

Im Jahr seiner Eheschließung wird er zum ersten Mal ins Kabinett berufen wird. Dort übernimmt er das Wirtschaftsministerium und setzt sich engagiert für den Ausbau des Sozialstaates ein. Doch bald werden ihm andere Ministerämter übertragen, und in jedem beweist er Arbeitseifer und Ehrgeiz. Zum Motto seines politischen Handelns wird: „Im Krieg – Entschlossenheit. Im Unglück – Standhaftigkeit. Im Sieg – Großmut. Im Frieden – Freundschaft". Dabei scheut er sich nicht vor Parteiwechseln, die ihm allerdings als Marine-minister das Amt kosten, als im Ersten Weltkrieg ein politisch verantwortlicher Sündenbock für see-strategische Fehlentscheidungen gesucht wird.

Als seine Partei kurz vor der Weltwirtschaftskrise die Wahlen verliert, beginnt für ihn, dessen ganze Existenz auf politisches Wirken ausgerichtet ist, eine neue Phase, nunmehr als Schriftsteller und als Hobbymaler. Als jedoch sein Land im Zweiten Weltkrieg in höchsten nationalen Notstand gerät, wird er ins politische Amt zurückgerufen, nunmehr in die erste Position. Dabei wird er zum unbeugsamen Gegner von Gewaltherrschaft, die er seinerseits zum Teil mit barbarischen Mitteln bekämpfen lässt.

Nach Kriegsende muss er auf dem Höhepunkt seines politischen Erfolges erleben, dass er – selbst als Retter seines Volkes aus der Not – sowie seine Partei abgewählt werden. Sechs Jahre später kehrt er noch einmal ins politische Spitzenamt zurück, doch seine Kräfte lassen deutlich nach. Als er schließlich zurücktritt, fällt ihm diese Entscheidung sehr schwer.

Langsam nähert sich der Tod, in Decken gehüllt fröstelt er selbst unter der Sonne. Abgemagert und verfallen stirbt er. Sein Vaterland bereitet ihm eine glanzvolle Totenfeier. Beigesetzt wird er auf einem unscheinbaren Dorffriedhof, neben dem Grab seines Vaters.

*Wer mag's sein?*

*Auflösung auf Seite 196*

Auflösung zu Seite 9:
*Ernst Reuter*

## *Als sie als jüngstes von 7 Kindern...*

zu Beginn der Adventszeit in eine alte Adelsfamilie geboren wird, ist ihr Vater nahezu im Rentenalter. Das Leben auf dem Familienschloss ist einfach, gut gegessen wird nur, wenn Gäste kommen. Dennoch verbringt sie zunächst eine unbeschwerte Jugend, meistens auf dem Rücken der Pferde. Diese Unbekümmertheit endet durch ein lebensbedrohendes Erlebnis. Bei der Rückfahrt von einem Ausflug stürzt sie mit mehreren anderen Kindern in einem Auto in einen Fluss. Wie durch ein Wunder kommt sie als letzte lebend heraus, zwei der Kinder werden nur noch tot geborgen.

Obwohl sie in einer privilegierten Gesellschaftsschicht lebt, lernt sie gleichzeitig, was soziale Verantwortung heißt. Dazu gehört es, Pflichten zu übernehmen und dort anzupacken, wo die Not es gebietet. Ihr Vater stirbt, als sie knapp zehn ist. Ihre Mutter kümmert sich wenig um sie. Unterricht erhält sie anfangs – standesgemäß nicht auf der Dorfschule, sondern privat von einem älteren Bruder, manchmal einem zufällig anwesenden Hausgast und danach von häufig wechseln-

den Erzieherinnen. Ihnen fällt es schwer, gegenüber dem jungenhaften Mädchen Autorität zu gewinnen.

Mit sechzehn Jahren kommt sie aufs Gymnasium, wo sie einziges Mädchen in einer reinen Jungenklasse ist. Sich in dieser Situation zu behaupten und sich durchzusetzen, liegt ihr. Das fordert all ihre Kräfte heraus, und so macht sie ein glänzendes Abitur. Nach einer ausgedehnten Tour durch die USA und Afrika beginnt sie fernab ihrer Heimat ein Wirtschaftsstudium. Als während dieser Zeit nationalistische Parolen immer stärker werden, streitet sie engagiert dagegen. Um nicht von der Universität verwiesen zu werden, wechselt sie ins Ausland, wo sie ihr Studium mit der Promotion abschließt.

Auf Wunsch ihrer Familie arbeitet sie sich danach in die Verwaltung des ausgedehnten Familienbesitzes ein. Da ihre Brüder wenige Jahre später zum Krieg eingezogen werden, übernimmt sie die Leitung der Güter allein. Sehr schlank und sehr straff, nachsichtig wenn möglich und streng wenn nötig, immer entscheidungsfreudig, den Menschen verbunden, für die sie Verantwortung trägt, fühlt sie sich stets im Dienst. Als ihre Schwester im Kindbett stirbt, fällt ihr die Mutterrolle bei den beiden Neffen zu.

Während des Zweiten Weltkrieges hält sie engen Kontakt zum Widerstand gegen das Unrechtssystem in ihrem Land. In detaillierte Aktionspläne wird sie jedoch nicht eingeweiht. Sie hat Glück, bis auf ein Verhör bei der Geheimen Staatspolizei wird nichts gegen sie unternommen. Später wird sie über diese Zeit sagen: „Nichts konnte schlimmer sein, als alle Freunde zu verlieren und allein übrig zu bleiben."

Als feindliche Truppen sich dem Familiengut nähern, flieht sie wie viele ihrer Landsleute bei tiefem Schnee und klirrender Kälte aus ihrer Heimat. Nur der Sohn ihres Forstmeisters begleitet sie, die einsame Reiterin, auf dem mitgeführten Handpferd. Nach sieben Wochen kommt sie schließlich im Frühling in dem Ort an, von dem viele Jahrhunderte zuvor ihre Vorfahren fortgezogen sind. Für sie beginnt nun ein neues Leben. Die schreibende Zunft wird ihr Lebenselixier. Hier sieht sie eine Chance, zur geistigen und politischen Erneuerung in ihrem Land beizutragen. Nach den Jahren der Infiltration durch Demagogie will sie gemeinsam mit ihren Redaktionskollegen den Lesern eine Zeitung bieten, die ihnen die Möglichkeit zu echter Meinungsbildung eröffnet.

Ihr Hauptaufgabengebiet wird die Außenpolitik. Dabei hilft ihr, dass sie sich wie selbstverständlich in einem internationalen Netz von Beziehungen zu wichtigen Leuten aus Diplomatie und Presse, Universität und Kirche, auch zu Bankiers, Kaufleuten, Militärs und Künstlern zu bewegen weiß. Sie unternimmt viele Reisen ins Ausland und setzt sich intensiv für die Aussöhnung zwischen Völkern über weltpolitisch getrennte Grenzen ein. Sie folgt hier ihrem Herzens- und Schicksalsthema: Liebe zur Heimat – Verlust der Heimat – Anerkennung neuer Grenzen – Aussöhnung. In den letzten Jahren ihres Lebens sorgt sie sich um den Verfall der Werte in der Gesellschaft. Sie sieht das Wirtschaftliche zu sehr im Vordergrund und dem gegenüber das Geistige, das Humane zu stark an den Rand gedrängt. Bis zu ihrem letzten Atemzug fühlt sie sich verantwortlich für die öffentlichen Angelegenheiten. Als sie in ihrem zehnten Lebensjahrzehnt verstirbt, wird sie unter alten Buchen neben ihrer Schwester und einem ihrer Brüder beigesetzt.

*Wer mag's sein?*

*Auflösung auf Seite 148*

Auflösung zu Seite 77:
*Franz Liszt*

# *Als Sohn eines Malers...*

wird er geboren. Von ihm, dessen bevorzugte Motive Fliederzweige und Tauben sind, erhält er den ersten Zeichenunterricht. Im Zeichnen entwickelt er alsbald sein Talent, während er die übrigen Schulfächer vernachlässigt. Im Alter von vierzehn Jahren malt er sein erstes wichtigeres Bild, in dem er bereits ein erstaunlich sicheres Gefühl für Proportionen und Volumen verrät.

Kurz danach besteht er die Aufnahmeprüfung an einer renommierten Kunstschule. Obwohl für die Prüfungsarbeiten in der Regel ein Monat vorgesehen ist, erledigt er diese Aufgabe an einem Tag. Im nachfolgenden Jahr bezieht er zum erstmals sein eigenes Atelier und entzieht sich so allmählich dem Einfluss seines Vaters.

Als er einige Monate später in der Landeshauptstadt sein Studium an der Kunstakademie aufnimmt, erkennt er bald, dass ihm der akademische Schulbetrieb nur wenig bieten kann. Da er deshalb den Kursen fern bleibt, entzieht ihm ein wohlhabender Onkel seine finanzielle Unterstützung, und er erlebt zum ersten Mal materielle Armut.

Nach einer Scharlach-Erkrankung, die er bei Freunden auf dem Lande auskuriert, lässt er sich in der künstlerisch und intellektuell lebendigsten Stadt seines Landes nieder. Hier schließt er sich einer Künstlergruppe an, die ihm geistige Freiheit verschafft. In dieser Zeit zeichnet er zahlreiche Porträts und Karikaturen, die den Freundeskreis mit verblüffender Lebensnähe wiedergeben. Gleichzeitig reift der Wunsch in ihm, zur Quelle der neuen bildnerischen Tendenzen vorzustoßen, und so fährt er in die französische Kunstmetropole und Hauptstadt Paris.

Sie wird schließlich für längere Zeit sein Wohnsitz. Die neue Umgebung bewirkt eine deutliche Veränderung in seinem Schaffen. Dabei ändert er nicht nur seine Hauptfarben, sondern auch die Interpretation seines Menschenbildes. Sein Interesse gilt nun voll und ganz der psychologischen Durchdringung des von ihm zur Schau gestellten Personenkreises.In den nachfolgenden Jahren weitet er seine Arbeiten thematisch aus, neben die menschliche Gestalt treten in vermehrtem Maße das Stilleben und die Landschaft. Da seine anspruchsvollen Bilder keine Käufer finden, erlebt er erneut eine Zeit äußerster Armut. Ihm fehlt das Geld, um Leinwand zu kaufen, und so muss er sich längere Zeit auf das Zeichnen beschränken. Er verbrennt sogar Zeichnungen, um sein Zimmer heizen zu können. Als der Erste Weltkrieg ausbricht und sich seine Freunde freiwillig zur Armee melden, fühlt er sich plötzlich einsam. Er findet keinen Malerfreund, mit dem er seine Erfahrungen austauschen kann. Doch endet diese Phase, als er Kontakte zu Künstlern des Balletts findet und dort seine Frau kennen lernt. Nun wandelt sich auch sein Lebensstil, er liebt es, an Premieren teilzunehmen und großen Einladungen nachzukommen. Schwer trifft es ihn, als der Jugendfreund, der seine Kunst am besten verstanden hat, plötzlich Opfer einer Grippeepidemie wird.

Künstlerisch erweitert er sein Schaffen, indem er neben der Malerei zunehmend Plastiken und Grafiken als Ausdrucksform wählt. Sein privates Leben wird durch Eheprobleme getrübt. Noch mehr erschüttert es ihn, als in seinem Heimatland der Bürgerkrieg ausbricht. Er bekommt den Auftrag, ein Wandgemälde zu schaffen, das die Zerstörung einer Stadt durch Kampfflugzeuge dokumentieren soll.

Wenige Jahre später wird auch seine Wahlheimat im Verlauf des Zweiten Weltkrieges angegriffen und besetzt. Er weigert sich, mit der Besatzungsmacht zusammenzuarbeiten. Er wandert aber auch nicht – wie zahlreiche seiner Kollegen – in die USA aus. Vielmehr sympathisiert er mit der Widerstandsbewegung und tritt kurz vor Kriegsende der Kommunistischen Partei bei. In der Nachkriegszeit engagiert er sich in der Weltfriedensbewegung und entwirft für einen ihrer Kongresse ein bald weltbekanntes Plakat.

In seinen letzten Arbeiten stimmt er das Hohelied auf die Frau, auf das Leben schlechthin an. Dies wird seine Antwort auf die ihn bedrängenden Ängste des Alters und des Todes. Als er hochbetagt stirbt, ist die ganze Welt überrascht und bestürzt. Seine sterblichen Überreste finden im Garten des von ihm fünfzehn Jahre zuvor erworbenen Schlosses ihre letzte Ruhestätte.

*Wer mag's sein?*

*Auflösung auf Seite 156*

Auflösung zu Seite 25:
*Franz Marc*

## Am Matthiastag wird er
## als ältester Sohn...

königlicher Eltern in ein neues Jahrhundert hinein geboren. Seinen Vater lernt er kaum kennen. Seine Mutter
sieht er erst in seinen späteren Jahren wieder. Seine
häusliche Erzieherin wird seine Tante, die ihm und
seinen Geschwistern viel Liebe entgegenbringt und
darüber hinaus zu einem unendlich wertvollen Vorbild
wird. Daneben bestimmt seine kindliche Entwicklung
ein Universitätslehrer, der als Theologe bei dem Knaben die Wurzeln einer wesenhaften Frömmigkeit legt.
Er sieht aus wie ein Künstler oder Priester, hat schlan-
ke Hände und feinsinnige Züge in einem schmalen
Gesicht. Trotz seines zarten Körpers und seiner labi-
len Gesundheit fühlt er sich mehr zu körperlichen
Übungen als zu Büchern und Sprachen hingezogen.
Reiten und Jagen sowie jegliche Art von Schießen und
Fechten betreibt er mit voller Hingabe, Glück und Aus-
dauer. Andererseits neigt er zu Lethargie und unbeug-
samem Starrsinn. Große Entscheidungen zögert er

Zeit seines Lebens hinaus und tendierte Richtung Grübelei. Ein Teil seines schwermütigen Naturells ist Erbe seiner Mutter. Obwohl er sich meistens großer Selbstbeherrschung befleißigt, flüchtet er sich manchmal in elementare Zornausbrüche.

Als er fünfzehn ist, wird feierlich seine Großjährigkeit verkündet. Kurz vorher ist in Frankreich ein junger König gekrönt worden, der für das weitere Leben des gerade volljährig gewordenen von entscheidender Bedeutung werden soll. Bereits ein Jahr nach seiner feierlichen Emanzipation wird er zum Herrscher proklamiert und tritt damit aus einer politisch und geistig altmodischen Gesellschaft, von deren Idealen er noch erfüllt ist, in die große Welt. Alsbald wird von ihm erwartet, sich in seinen Reichen zu zeigen. Doch die Bereisung seiner Kronlande, die er schließlich über See erreicht, verzögert sich. Trotz der vielen Schwierigkeiten, die er dort vorfindet, lässt er sich nicht beirren, sich neu auf dem Gebiet der europäischen Politik zu orientieren.

So begehrt er das gesamte Erbe seiner Ahnen, denn nur die Vereinigung sämtlicher Länder unter seiner Krone gibt ihm die jeden Gegner abschreckende Machtstellung zum Heile des Glaubens, zur Verteidigung der Christenheit. Doch mit dem inneren Wesen der Nation, zu deren Herrscher er einstimmig gewählt wird, verbindet ihn gar nichts. Oft einsam und von Natur aus misstrauisch, haben meist Frauen aus seiner Familie sein Vertrauen, die er als Mitregenten, Statthalter und Stellvertreter einsetzt.

Er fühlt sich an seine dynastischen Verpflichtungen gebunden. Seine kirchliche Frömmigkeit und seine scheinbar allmächtige Fürstlichkeit will er nicht durch theologischen Widerspruch in Frage gestellt sehen. Dennoch gelingt es ihm nicht, neuen religiösen Strömungen Einhalt zu gebieten. Ebenso wenig vermag er gewalttätigen Aufruhr in den Kernlanden seines Reiches zu verhindern, der sich aus sozialer Not speist. Um die politische Lage in diesem Reichsteil zu stabilisieren, macht er dort seinen jüngeren Bruder zum Mitherrscher.

Obwohl ihm seine „Silberflotten" unermessliche Schätze in seine unersättliche Kriegskasse bringen, muss er sich für seine zahlreichen Kriege große Summen bei Bankhäusern leihen. Er ist der letzte reitende und reisende Herrscher seines Landes, ohne Hauptstadt, doch gleichzeitig der erste, der nach Akten und durch Kuriere regiert. Dazu wird eine schwarzgelbe Post mit Schnellverbindungen über einzelne im Land verteilte Posten eingerichtet. Wegweisende Akzente setzt er auch im Bereich des Rechtswesens. So erlässt er ein einheitliches Straf- und Prozessrecht, das als das erste allgemeine Strafgesetzbuch in seinem Reich gilt. Sein großes Laster ist die Völlerei, die ihn nahezu 30 Jahre an der so genannten Krankheit der Reichen, der Gicht, leiden lässt. Das Reisen zu Pferde wird für ihn zunehmend unerträglich. Zudem von Asthma gequält, kann er sich in seinen letzten Regierungsjahren nur noch in Kutschen und Sänften fortbewegen.

Als er schließlich auf den Thron verzichtet, hält er Rückschau: „Ich habe die Krone gesucht, nicht um über noch mehr Reiche zu gebieten, sondern um der gesamten Christenheit Frieden und Eintracht zu erhalten und zu schaffen. Ich habe darum viel beschwerliche Reisen machen, viele beschwerliche Kriege führen müssen ... aber niemals mutwillig, sondern stets sehr gegen meinen Willen als Angegriffener." In einem Kloster sucht er die religiöse Einsamkeit, um sich auf ein gutes Ende vorzubreiten. Er entdeckt sein Interesse für die Astronomie und die Naturphilosophie. Ihn faszinieren sehr präzise Land- und Seekarten. Sein religiöses Empfinden offenbart er einem Hofmaler, der in einem Gemälde festhält, wie er im Kreise von Seligen im Totenhemd, von Entbehrungen gekennzeichnet, kniend die Krone ablegt.

*Wer mag's sein?*

*Auflösung auf Seite 112*

Auflösung zu Seite 165:
*Paula Modersohn-Becker*

# *Als er als sechstes von zehn Kindern ...*

geboren wird, steht seine am Meer gelegene Vater-stadt seit nahezu einhundertundfünfzig Jahren unter fremdländischer Herrschaft. Deren Staatsbürgerschaft besitzt er sein Leben lang. Sein Vater, von Beruf Licht-gießer und Seifensieder, und seine Mutter stammen aus einer benachbarten Stadt in deutschen Landen. Schon mit sieben Jahren wird er mutterlos und wächst in kargen und freudlosen Verhältnissen auf. Obwohl er scheu und eigenwillig ist, wird er von der gesamten Familie innig geliebt.

Als Dreizehnjähriger verdankt er die Rettung seines Lebens der Opfertat seines ältesten Bruders. Als er beim Schlittschuhlaufen ins Eis einbricht, bewahrt ihn sein Bruder vor dem Ertrinken und kommt dabei selbst ums Leben. Zwei weitere Geschwister versterben eben-falls während seiner Jugendjahre.

Glücklicherweise nimmt sich bald ein Architekt und Zeichenmeister des begabten Jünglings an und för-dert auf Wanderungen in die Umgebung seiner Vater-stadt sowie auf Streifzügen durch eine benachbarte Insel dessen Liebe zur heimatlichen Landschaft. Als

Zwanzigjähriger bezieht er die Königlich Dänische Kunstakademie in Kopenhagen, die zu seiner Zeit als modernste gilt. Dort erhält er eine wohlfundierte künstlerische Ausbildung, insbesondere im Zeichnen nach Gipsabdrücken. Da Malerei nicht gelehrt wird, wechselt er vier Jahre später an die Akademie in Dresden, wo er sich weniger der zeitgenössischen Malerei, sondern vorwiegend dem Studium alter Meister widmet.

In der Elbestadt findet er Zugang zu einem Freundeskreis romantischer Dichter.

Häufig kehrt er in seine Geburtsstadt zurück. In deren Umgebung betreibt er auf ausgedehnten Wanderungen ein intensives Naturstudium und schafft sich einen Fundus von Skizzen, auf den er später immer wieder zurückgreift. Doch auch die Bergwelt des Harzes und des Riesengebirges zieht ihn an. In der Natur sieht er einen Spiegel menschlicher Empfindungen. Nach seinem Verständnis soll Kunst zwischen den beiden Werken Gottes, Mensch und Natur, vermitteln. In seinen Darstellungen von Naturschönheiten verarbeitet er Stimmungen und Empfindungen. Einige seiner Bilder sind Allegorien auf die patriotische Stimmung seiner Zeit.

Er gehört der Generation der ersten freien Künstler an, die nicht als Auftragsmaler, Professoren einer fürstlichen Akademie oder protegierte Freunde eines reichen Gönners tätig sind, sondern sich auf dem freien Markt von Galerien bewegen und durch den Verkauf ihrer Werke ein wirtschaftliches Auskommen schaffen. Sein einziges sicheres, wenn auch bescheidenes Einkommen in Form eines festen Jahresgehalts bezieht er, als er zum Mitglied der Dresdner Akademie ernannt wird.

Eine Einladung nach Italien lehnt er ab, und so sieht er in seinem Leben weder südliche Sonne noch die Alpen. Alles was in seinen Bildern über die zerklüftete Gipfelnatur von Harz und Riesengebirge hinausgeht, entspringt reiner Phantasie oder stützt sich auf Stichansichten anderer Künstler.

Befremdlich wirkt sein Atelier in seiner spartanischen Kargheit, das bis auf Tisch, Staffelei, Stuhl und Spucknapf völlig leer und schmucklos ist. Den unteren Teil seines Atelierfensters hat er abgedunkelt, um zu verhindern, dass seitliche Beleuchtung direkt auf die in Arbeit befindlichen Werke fällt. So erhält er das Oberlicht, um dessentwillen Maler in nachfolgenden Zeiten ihre Ateliers in Dachstuben mit Glasflächen in der Schräge einrichten.

Im Alter von vierundvierzig Jahren heirat er, doch schon sechs Jahre später trifft ihn eine schwere Krankheit. Diese beruht auf einem Zusammentreffen von psychischen und körperlichen Leiden und erzeugt eine geistige Verhärtung und seelische Verdüsterung. In ihrer Folge beginnt seine Schaffenskraft immer mehr zu erlahmen. Gleichzeitig stellt sich zunehmende Melancholie ein, die sich in dunkler und oftmals harter Gemütsart offenbart. Hinzu kommt ein ausgeprägtes Misstrauen gegenüber seiner Umwelt, das zu Anfällen von roher Härte gegen die Seinen führt.

Gerade sechzigjährig, lähmt ihn ein Schlaganfall. Danach lebt er – nahezu ohne zu arbeiten und unfähig zu geistigem Umgang – noch volle fünf Jahre in stets sich verschlechternden Umständen. Den Ausbruch bitterster Not verhindert allein ein ausländischer Monarch, der gelegentlich seine Bilder und Zeichnungen kauft und dessen Wertschätzung dem Künstler bis zu seinem Tode erhalten bleibt.

*Wer mag's sein?*

*Auflösung auf Seite 32*

Auflösung zu Seite 41:
*Friedrich Schiller*

## *Sie wird als dritte Tochter...*

in eine herzogliche Familie geboren. Als sie auf die Welt kommt, ist Friede, und so herrscht in ihrer Geburtsstadt, wo ihr Vater das Amt eines Gouverneurs bekleidet, ein beschauliches Residenzleben. Sie ist ein übermütiges Kind und gilt als die wildeste unter den vier Schwestern. Wenig erfreut sie ihre Eltern durch ihren trotzigen, schnippischen und zum Teil eigensinnigen Charakter. Als sie sechs Jahre alt ist, stirbt ihre Mutter. Ihr Vater heiratet die Schwester seiner verstorbenen Frau, doch bald wird er wieder Witwer.

Daraufhin gibt er seine knapp zehnjährige Tochter gemeinsam mit zwei Schwestern zur verwitweten Großmutter, die eine Frau von Herz und Verstand ist und sich freut, dass mit den lebhaften Enkelinnen wieder Leben in ihr Haus kommt. Die junge Enkelin erhält vornehmlich Konfirmanden- sowie Französischunterricht. Doch ihr Bildungseifer erweist sich als gering. Zudem zeigt sie eine Neigung zur Unordnung, Langschläferei und Unpünktlichkeit.

Als Siebzehnjährige lernt sie ihren künftigen Mann kennen, mit dem sie sich alsbald verlobt. Ein halbes Jahr später endet das Leben unter der großmütterlichen Obhut, als sie zu Heilig Abend heiratet und in eine bescheidene und überaus schlichte Residenz zieht. Damit beginnt eine glückliche Ehe. Im Laufe der Zeit wird die Zauberwirkung der Ausstrahlung, über die die Jungvermählte verfügt, immer stärker und hält über alle Wechselfälle des Schicksals hinweg ungebrochen an. Mit dem von ihr repräsentierten Dreiklang von Glück, Jugend und Schönheit entwickelt sie in der Öffentlichkeit eine un- oder vorpolitische Wirkung. Zudem gewinnt ihr Eheleben Vorbildcharakter. „Ein ideales Paar" heißt es, wenn sich die Eheleute auf Reisen öffentlich zeigen.

Ihrem Mann gibt sie manche wertvolle politische Anregungen, doch dieser ist von diesen nur wenig überzeugt. Er hält ihre mit Leidenschaft vorgetragenen Vorschläge häufig lediglich für die Wiedergabe fremder Ansichten. Doch sie bleibt eine selbstbewusste junge Frau, die komplexe Zusammenhänge rasch erfasst, obwohl sie keine politische Erziehung genossen hat. Den stärksten Einfluss auf ihr politisches Bewusstsein hat ihr größter politischer Feind, dessen Politik gegenüber ihrem Land sie als schwere Demütigung empfindet.

Eine längere Kur bessert nicht nur ihre angeschlagene Gesundheit, sondern hilft ihr auch, die bevorstehenden und für ihr Land schlimmen politischen Entwicklungen zu ertragen. Immer mehr wird sie zum wichtigen Berater ihres schwankenden und entschlusslosen Ehemanns. Als sie sich schließlich mit ihrem größten und von ihr gehassten politischen Widersacher in einem Vier-Augen-Gespräch trifft, um eine Milderung der ihrem Land auferlegten Gebietsverluste und Kontributionen zu erbitten, bleibt diese denkwürdige Begegnung jedoch erfolglos.

Umso mehr kümmert sie sich um ihren oft verzweifelten, mehr denn je von Minderwertigkeitsgefühlen und von Zukunftsängsten geplagten Mann, um ihm das private Glück zu bieten, das er dringend braucht. Sie selbst schwankt zwischen Depressionen und Hoffnung, zumal die endlosen und eisigen Winter fernab der geselligen Residenzstadt nur Langeweile bieten. Zudem fordert die schlechte Wirtschaftlage Tribut vom eigenen Haushalt. Radikaler Sparzwang zwingt zum Verkauf von allem Überflüssigen; ausgenommen ist nur der eigene Schmuck.

Um die wachsenden Bestrebungen im Lande für eine Erhebung gegen die drückende Fremdherrschaft zu unterstützen, drängt sie ihren mutlosen Gatten, einen reformfreudigen und auf demokratische Grundsätze verpflichteten Kanzler zu ernennen. Doch die Umsetzung dieses – ihres letzten und bedeutsamsten – politischen Ratschlags wird sie nicht mehr erleben.

Dreizehn Jahre nach ihrer Hochzeit kehrt sie zu Weihnachten mit ihrer Familie in die Residenzstadt zurück. Als sie auf dem Balkon ihres Schlosses dem Vorbeimarsch der Truppen und Bürgergarden beiwohnt, kehren allmählich die lieben Züge wieder, die sie durch die vorangegangene schwere Zeit schon verloren zu haben scheint. Wenig Monate später wird sie von Atembeschwerden, Brustkrämpfen und Kreislaufstörungen befallen und stirbt einige Tage darauf unter anhaltenden großen Schmerzen. Ihr früher und unerwarteter Tod lässt sie zum Sinnbild einer an der Schmach ihres Landes leidenden und am gebrochenen Herzen sterbenden Patriotin werden.

*Wer mag's sein?*

*Auflösung auf Seite 120*

Auflösung zu Seite 173:
*Friedrich von Bodelschwingh*

# *Er wird als einziger Sohn...*

eines fürstlichen Rentmeisters und der früh verwaisten Tochter eines Bäckers geboren. Die Sprache des Volkes, dem er sich zugehörig fühlt, beherrscht er nie. In seiner frühen Kindheit ist er oft krank. Bald erkennt sein Vater seine musische Begabung und lässt ihm Unterricht zuteil werden. Seine künstlerischen Fähigkeiten sprechen sich bald herum, und nach einem seiner ersten öffentlichen Auftritte liest man in der Presse: „Die außerordentliche Fertigkeit dieses jungen Künstlers, sowie auch dessen schneller Überblick im Lesen der schwersten Stücke, indem er alles, was man ihm vorlegte, vom Blatt spielte, erregte allgemeine Bewunderung ."

Allerdings führt die Fixierung auf die musische Karriere zu sehr erheblichen Mängeln in der Allgemeinbildung, obwohl er sich im Laufe seines Lebens unablässig bemüht, dieses Bildungsdefizit auszugleichen. Um seine Talente weiter zu fördern und ihm eine exzellente Ausbildung zu verschaffen, lässt sich die Familie in Wien nieder. Zwei Jahre später geht es weiter nach Paris. Doch es bleibt ihm verwehrt, sich am dortigen Konservatorium einschreiben zu dürfen, da er kein Franzose ist. Als der Konservatoriumsdirektor ihm die ablehnende Entscheidung persönlich überbringt, scheint für ihn alles verloren, selbst die Ehre. Er glaubt an keine Hilfe mehr. Die Wunde sitzt tief und blutet noch lange Zeit fort.

Er gibt nicht auf und bildet sich selbst fort. Schon bald bekommt er Einladungen zu Konzerttourneen

durch verschiedene Länder, die seinen Bekanntheitsgrad weiter steigern. In dieser Zeit bewegt ihn der
Gedanke, Priester zu werden. In seinem Tagebuch
hält er Andachtsübungen fest und sammelte Zitate,
die sein Streben nach einem wahrhaft christlichen
Lebenswandel widerspiegeln. Er beschäftigt sich mit
Fragen nach dem Sinn des Lebens und dem damit
verbundenen moralphilosophischen Problem von der
verantwortungsvoll zu nutzenden Lebenszeit des Menschen. Als sein Vater ihn von einer Priesterlaufbahn
abrät, beugt er sich dessen Rat.

Er geht wieder auf Konzerttournee gemeinsam mit
seinem Vater, auf der dieser unvermittelt an einem
heftigen Fieber erkrankt und drei Tage später verstirbt.
Nun ist er, gerade sechzehn Jahre alt, auf sich allein
gestellt. Er kehrt nach Paris zurück und gibt Musik-
unterricht, um sich den Lebensunterhalt für sich und
seine Mutter zu verdienen. Er verliebt sich in eine seiner Schülerinnen, doch der Vater des Mädchens verweigert aus Standesgründen eine geplante Ehe. Er
fällt in ein tiefes seelisches Loch. Er erwägt erneut,
Priester zu werden. Er gibt seine Lehrstunden auf und
zieht sich aus dem gesellschaftlichen Leben zurück.
Nur noch selten tritt er in der Öffentlichkeit auf. In einer Zeitung erscheint bereits ein Nachruf.

Aus seiner Lethargie und seiner depressiven Krise wird
er gerissen, als er in Paris die Revolution erlebt und
sich dafür begeistert. Es beginnen – gemeinsam mit
einer sechs Jahre älteren adligen Lebensgefährtin –
seine Pilgerjahre als Virtuose. Obwohl er während dieser Virtuosenperiode ein unstetes und zerstreutes
Leben führt, findet er immer wieder Zeit und Lust zum
eigenständigen Schaffen. Dabei wächst seine Sym-
pathie für das nationale Wiedererwachen seines Heimatlandes.

In jeder großen europäischen Stadt empfängt ihn das
Publikum euphorisch. Diese Wanderjahre, in denen
er sich schöpferisch und menschlich entfaltet, enden,
als er schließlich eine künstlerische Festanstellung

findet. Er lebt mit einer neuen, ebenfalls adligen, Lebensgefährtin zusammen. Eine Hochzeit wird erwogen, die aber Schwierigkeiten wegen der Frage der Rechtmäßigkeit der Annullierung seiner ersten Ehe aufwirft. Schließlich lassen beide resigniert von ihren Heiratsplänen ab.

Seine nicht geringen finanziellen Einnahmen stellt er häufig für wohltätige Zwecke zur Verfügung. So zahlt er u.a. mittellosen Kindern das Schulgeld, überweist Renten an alte und kranke Künstler, unterstützt politische Flüchtlinge und hilft streikenden Landarbeitern. In seinen letzten Lebensjahren verstärken sich wieder religiöse Phasen. Er erhält sogar niedere priesterliche Weihen. Bereits schwer erkrankt, fährt er zu einem seiner geliebten Festspiele. Wenige Tage nach Ankunft am Festspielort verstirbt er, ohne vorher noch – wie von ihm gewünscht – die letzte Ölung erhalten zu haben. Doch seinem Willen gemäß wird auf dem Stadtfriedhof im Ort seines Todes beigesetzt.

*Wer mag's sein?*

*Auflösung auf Seite 60*

Auflösung zu Seite 201:
*Giacomo Puccini*

# Frühling ist es in der Küstenstadt...

als er als fünftes Kind eines Kaufmanns, der ein Ministeramt bekleidet, geboren wird. Seine Mutter ist die vierte Frau seines Vaters, da die ersten drei jeweils im Kindbett verstarben. Seit seiner Kindheit lehrt man ihn, andere Lebewesen nicht zu verletzten sowie die Fastenregeln einzuhalten. Außerdem wird er zur Toleranz gegenüber anderen Glaubensgemeinschaften erzogen.

Schon im Alter von dreizehn Jahren wird er nach dem Willen seiner Eltern mit einem gleichaltrigen Mädchen verheiratet. Diese Ehe hält über sechzig Jahre. Mit sechzehn bekommen sie ihr erstes Kind, das aber schon nach wenigen Tagen verstirbt. Vier Kinder werden ihnen noch geboren.

Als Schüler und als Jura-Student zeigt er nur mittelmäßige Leistungen. Als sich ihm die Gelegenheit bie-

tet, in London sein Studium fortzusetzen, greift er zu.
Während dieser Zeit setzt er sich intensiv mit dem
Christentum auseinander. Außerdem schließt er sich
der Vegetarischen Gesellschaft an, deren Ziel u.a. die
Bildung einer universellen Bruderschaft der Mensch-
heit unabhängig von Rasse, Farbe und Glaube ist.

Als er nach Abschluss seines Studiums in seine Heimat zurückkehrt, versucht er zunächst eine eigene
Anwaltskanzlei zu gründen. Außerdem bewirbt er sich
um eine Teilzeitanstellung als Hochschullehrer, wird
jedoch abgelehnt. Daraufhin schickt ihn seine Familie
zu einem Freund und Geschäftsmann nach Südafri-
ka, um einen Rechtsstreit zu lösen. Über zwanzig Jahre
wird er im Land der Rassentrennung bleiben.

Als er persönlich während einer Bahnfahrt rassistische
Diskriminierung erleiden muss, entwickelt er sich alsbald vom politisch indifferenten Menschen zu einem
Kämpfer für die Sache „seines" Volkes. So versucht
er, ungerechten Gesetzen zunächst durch die Einga-
be von Petitionen, dann aber auch durch passiven
Widerstand und zivilen Ungehorsam entgegenzutre-
ten. Für die einheimische schwarze Bevölkerung setzt
er sich allerdings nicht ein.

Im Alter von siebenunddreißig Jahren legt er ein
Keuschheitsgelübde ab. Seine Ehefrau informiert erst
danach, ohne ihr die Scheidung anzubieten. Gleichzeitig beginnt er immer mehr mit seiner Nahrung zu
experimentieren, die nun roh, ungewürzt und so einfach wie möglich zu sein hat. Auf diese Weise will er
Selbstzucht und Selbstbeherrschung üben, und zwar
nicht nur individuell, sondern auch politisch im Sinne
von Selbstherrschaft.

Zu einem weiteren wichtigen ethischen Grundsatz wird
für ihn das Festhalten an der Wahrheit, verbunden mit
Gewaltlosigkeit. Zudem leistet er in einem zweiten
feierlichen Gelübde Verzicht auf jegliches Privateigen-
tum.

Wegen einer Erkrankung muss er schließlich mit seiner Familie in sein Heimatland zurückkehren. Dort wird

er triumphal empfangen. Unter seiner geistigen Führung baut er eine Massenorganisation auf, die alsbald den Kampf gegen die koloniale Fremdherrschaft aufnimmt. Dabei verfolgt er das Prinzip der Gewaltlosigkeit, die für ihn jeglicher Gewaltanwendung überlegen ist. Aber sein persönlicher Machthunger hindert ihn nicht, Mitkämpfer in die politische Isolation zu treiben. Er entwickelt das Konzept der Nichtzusammenarbeit zwischen den Einheimischen und den Kolonialherren. Einige Jahre später wird er verhaftet und zu einer langjährigen Freiheitsstrafe verurteilt. Als er wegen einer schweren Erkrankung vorzeitig entlassen wird, zieht er sich aus dem politischen Leben zurück. Doch lange währt diese Abstinenz nicht. Er organisiert zunächst Protestaktionen gegen das staatliche Salzmonopol und fordert dann nahezu ein Jahrzehnt später die Unabhängigkeit seines Vaterlandes, die letztlich geteilt gewährt wird. Dem Bürgerkrieg, der nach der Unabhängigkeit und der von ihm nicht gewollten Teilung des Landes ausbricht, bemüht er sich entgegenzuwirken. So ist es seinem Einfluss zu verdanken, dass die Unruhen relativ rasch eingedämmt werden können.

Die Früchte seines friedfertigen politischen Kampfes vermag er freilich kaum mehr zu ernten. Einem Bombenattentat entkommt er nur knapp, aber schon wenige Tage später wird er von einem nationalistischen Fanatiker erschossen.

*Wer mag's sein?*

*Auflösung auf Seite 136*

Auflösung zu Seite 17:
*Gottfried Semper*

# *Mitten im April...*

wird er als erstes von sieben Kindern eines Krämer-
ehepaars in einem Flecken von einigen hundert Ein-
wohnern geboren. Sein Vater hält auf gute Erziehung.
Da dies in dem weltabgeschiedenen Nest kaum möglich ist und in seinem Elternhaus räumliche Enge
herrscht, macht er mit neun Jahren unter seinen Geschwistern den Anfang, aus dem kleinen Ort wegzu-
gehen.
Er kommt zu seinem Onkel, einem Pfarrer, und sieht
seine Eltern erst drei Jahre später wieder. Sein kluger, aufopfernder, milder und liebevoller Onkel erweist
sich als geborener Erzieher für den begabten Jungen,
den er vielseitig fördert. Insbesondere macht er ihn
mit der Natur vertraut. Als Bienenfreund weckt er in
seinem Neffen das Interesse für die Imkerei. An den
privaten Unterrichtsstunden nimmt auch der Sohn des
ortsansässigen Müllers teil. Die beiden Jungen schlie-
ßen Freundschaft, die ihr ganzes Leben hält. Wenn
er den „Müllerjungen" in späteren Jahren besucht,

schläft er immer gut beim Rumpeln des Mühlwerkes und dem Rauschen des Wassers.

Als Fünfzehnjähriger verlässt er das Haus seines „Ersatzvaters", um in der Residenzstadt des Königreiches auf Wunsch seines Vaters Maschinenbau zu studieren. Bei seiner Aufnahmeprüfung stellt man fest, dass seine humanistische Vorbildung viel besser ist als seine mathematischen Kenntnisse. Er arbeitet hart an sich und bringt es in Mathematik zu einer „Eins mit Auszeichnung". Seine Eltern sind darüber sehr erfreut und gewähren ihrem Sohn finanzielle Nachbesserungen.

Doch er fühlt sich in seinem Studienfach nicht wohl, denn seine wahre Liebe gilt der Kunst. Nach knapp vier Jahren bricht er das technische Studium ab und wechselt auf die Kunstakademien in Düsseldorf und Antwerpen. Dort kann er sich endlich der Malerei widmen. Insbesondere von den niederländischen Malern des 17. Jahrhunderts fühlt er sich angezogen. Als er – gut zwanzigjährig – schwer erkrankt, kehrt er in sein Heimatdorf zurück, um zu genesen.

Bereits ein Jahr später zieht es ihn nach München, um sein Kunststudium fortzusetzen. Obwohl er sich in der Isarstadt enger als jemals zuvor oder später gleichaltrigen und gleichgesinnten Studienfreunden anschließt, lässt er niemanden in sein eigentliches Schaffen Einblick nehmen. Bei sonntäglichen Fußwanderungen ins Inntal oder zum Starnberger See hat er immer ein Notizbuch dabei, in das er ein paar Verse einträgt oder den einen oder anderen Gegenstand mit wenigen Strichen skizziert. Er nutzt sein zeichnerisches Talent für Beiträge in einer satirischen Zeitung und bessert dadurch das knappe Taschengeld, das ihm sein Vater gewährt, auf.

Er spielt sogar mit dem Gedanken, als Bienenzüchter in Brasilien ein neues Leben anzufangen. Doch es bleibt bei der Idee. Stattdessen verfasst er Bilderzählungen, in denen er klerikale Bigotterie und amtstheologische Verlogenheit anprangert. Für einige Jahre zieht er zu seinem Bruder nach Frankfurt. In dieser Zeit beschäftigt er sich intensiv mit dem Werk des Philosophen Arthur Schopenhauer. Doch auf Dauer hält es ihn nicht in der Großstadt, und er kommt abermals in sein Geburtsdorf zurück. Von dort unternimmt er häufig Auslandsreisen, unter anderem nach Italien und in die Niederlande.

Allmählich vollzieht sich in ihm eine innerliche Wandlung. Er wird immer mehr ein eigenwilliger Mann, der die hohe Kunst beherrscht, das Lachen in den Menschen zu wecken und die tiefsten seelischen Schichten derjenigen zu treffen, die dafür empfindlich sind. Persönlich ist er einer der „Stillen im Lande", der nicht gern in die Öffentlichkeit tritt. Wo es um sein eigenes Leben und um das geht, was ihn in seinem Innersten bewegt, ist er von einer solchen Scheu und Keuschheit, dass nur wenige, die nahe um ihn sind, einen Blick in ihn hinein tun können. Zeit seines Lebens ringt er ernsthaft mit weltanschaulichen Problemen und religiösen Fragen und findet seinen Frieden im christlichen Glauben evangelischer Prägung.

Im Alter von sechsundsechzig Jahren zieht er gemeinsam mit seiner verwitweten Schwester zum Neffen am Rande des Harzes, wo er das letzte Jahrzehnt seines Lebens verbringt, geliebt und verehrt von allen, die um ihn sind. Am Ende ist es sein Herz, das nicht mehr mittun will. An einem Januarmorgen hört es auf zu schlagen. Seine letzte Ruhe findet er auf einem kleinen Kirchfriedhof, doch durch seine Werke bleibt er der Welt wie eh und je lebendig.

*Wer mag's sein?*

*Auflösung auf Seite 192*

Auflösung zu Seite 13:
*Gottfried Wilhelm Leibniz*

# *Während des Ersten Weltkrieges...*

wird er in einem Backsteinbau in der Bronx als Sohn jüdischer Einwanderer geboren. Seinen Vornamen wählt seine Mutter aus Trotz gegen eine antisemitische Bemerkung ihres Vermieters. Wichtiger für ihn ist allerdings, dass sie ihm die Werte ihrer Jugend, das Idealbild eines tscherkessischen Kriegers vermittelt: Ehrenhaftigkeit, Mut und Geschick, die Pflicht, mehr dem Leben abzufordern als nach persönlichem Erfolg und Geltung zu streben.

Schon bei dem Vierjährigen entdecken die Eltern eine außergewöhnliche Begabung. Als er von einem Familienfreund zum Geburtstag ein Spielzeuginstrument geschenkt bekommt, versucht der diesem vergeblich Klänge zu entlocken. Doch ein Jahr später erhält er ein echtes Instrument und seinen ersten Unterricht in einer Musikschule. Hier zeigt sich schon seine intuitive Sicherheit.

Für ihn und seine vier und fünf Jahre jüngeren Schwestern entwirft seine Mutter einen exakten Tagesplan. Der Junge muss im Morgengrauen aufstehen und am Vormittag auf seinem Instrument üben. Danach werden die drei Geschwister nach draußen zum Spielen geschickt. Nach dem Mittagessen ist Schlafen angesagt, danach folgen der Unterricht durch die Eltern, weitere Spielpausen und Übungseinheiten. Spätestens um sieben Uhr müssen die Kinder ins Bett.

Diesen immer gleichen und strengen Tagesrhythmus, der seinem außergewöhnlichen Talent und seinem ernsthaften Ehrgeiz entgegenkommt, empfindet er als glückliche Jugend. Seine natürliche Musikalität, seine frühe Reife überzeugen die Kritiker mehr als seine technischen Fähigkeiten. Als er als Zehnjähriger ein Musikstück einstudieren soll, schlampt er bei der Vorbereitung. Er hastet durch die Partitur und verfehlt Töne. Sein verärgerter Lehrer schickt ihn nach Hause, wo er von seinem Vater die einzige Tracht Prügel in seinem Leben bekommt. Doch schon ein Jahr später begeistert er mit seinem Können die Kritiker. Einer von ihnen bekundet, einen großen Künstler, der sehr früh beginnt, erlebt zu haben.

Bald reißen sich Dirigenten und Orchester um den begabten jungen Künstler, der schnell zum Großverdiener und Alleinernährer seiner Familie wird. Doch schon mit zwanzig Jahren erlebt er nach einer monströsen, 110 Konzerte umfassenden Welttournee seine erste Schaffenskrise. Er fühlt sich ausgebrannt, zieht sich für eineinhalb Jahre auf das Anwesen der Familie an der Pazifikküste zurück und nimmt erneut Unterricht. Seine erste Ehe, aus der zwei Kinder hervorgehen, zerbricht daran, dass er nach seiner „Auszeit" wieder rastlos in der Welt herumreist und mehr Zeit in Konzertsälen als mit der Familie verbringt.

Sein Können verleiht ihm Selbstbewusstsein. Nach einem Solokonzert in der New Yorker Philharmonie tritt an die Rampe des Podiums, setzt den Geigenbogen ein paar Mal an und erklärt dann den Konzertbesuchern zum Verbot der Intendanz, eine Zugabe zu spielen: „Ich darf nicht, und ich weiß auch nicht, ob sie überhaupt noch klatschen dürfen. Aber trotz dem Umstande, dass dieses Orchester von unmusikalischen oder außermusikalischen Kräften geleitet zu werden scheint, möchte ich ihnen versichern, dass wir, meine Kollegen und ich, ihre Begeisterung lieben und dankbar hinnehmen, dass sie klatschen können, solange und wann immer sie wollen."

Als er das erste Mal nach Indien kommt, entdeckt er die Kunst des Yoga und widmet sich seitdem regelmäßig frühmorgens dieser neuen Leidenschaft, manchmal zum Spott seiner zweiten Frau, einer britischen Tänzerin. Im Alter von fast fünfzig Jahren gründet er eine Schule für junge Talente, an der er, sooft es seine Zeit zulässt, persönlich unterrichtet. Mit Musik glaubt er eine Atmosphäre von Hoffnung, Vertrauen und Freude, ein Mittel gegen Kriminalität und Gewalt zu schaffen. Gleichzeitig setzt er sich für unterdrückte Künstlerkollegen in der Sowjetunion ein und schreibt in internationalen Zeitungen Kommentare zur Völkerverständigung.

In Deutschland gründet er nach der Wiedervereinigung in seinem neunten Lebensjahrzehnt eine Stiftung. Sie soll dazu beitragen, dass Kinder – insbesondere in sozialen Brennpunkten – in ihrer Kreativität gefördert, in ihrer Ausdrucksfähigkeit und ihrer Persönlichkeit gestärkt und in ihrer sozialen Kompetenz unterstützt werden. Das neue Jahrtausend erlebt er nicht mehr, da er einige Monate vorher unerwartet an Herzversagen stirbt.

*Wer mag's sein?*

*Auflösung auf Seite 200*

Auflösung zu Seite 49:
*Heinrich der Löwe*

# *Er wird als ältester Sohn...*

eines wohlhabenden und gebildeten adeligen Pariser
Bankiers und einer kreolischen Mutter geboren. Später verbürgerlicht er seinen Namen. Im Alter von elf bis
achtzehn Jahren besucht er ein Gymnasium, wo er
eine solide klassische Ausbildung erhält. Seine besten Fächer sind Latein, Griechisch, Geschichte und
Rezitation. Zum Ende seiner Schulzeit richtet er sich
im Haus seiner Eltern ein Atelier ein und beginnt danach ein Jurastudium. Gleichzeitig beschäftigt er sich
intensiv mit den alten Meistern der großen Gemälde-
sammlung des berühmtesten Museums seiner Vater-
stadt. Und so entschließt er sich nach einem Jahr,
seine juristische Ausbildung abzubrechen und Einzel-
unterricht im Zeichnen bei einem Maler zu nehmen.
Bald darauf besucht er zunächst eine Kunstakademie, um danach für längere Zeit ins benachbarte Itali-
en zu gehen, wo Verwandte leben und er seine Studi-
en alter Meister fortsetzt. Von ihnen lässt es sich stark
in seiner anfänglichen Malkunst beeinflussen, die sich
vor allem dadurch auszeichnet, dass er viele Künstler
kopiert und dabei deren Stil eingehend studiert. Als er
einige Jahre später in seine Heimatstadt zurückkehrt,
wählt er für seine Bilder Motive pferdesportlicher Er-

eignisse. Für kurze Zeit muss er seine Arbeiten unterbrechen, da er als Artillerist Militärdienst während des kurzen deutsch-französischen Krieges leisten muss. Nach seinem Kriegseinsatz wählt er für seine Arbeiten ein neues Stilmittel, das natürliche Licht. Doch nicht nur ein neuer Stil lockt ihn, sondern auch die Neue Welt. Den Aufenthalt in den USA verbindet er mit einem ausgedehnten Besuch bei seinem in New Orleans lebenden Bruder, der sich in der Heimat der früh verstorbenen Mutter niedergelassen hat. Dort erfreuen ihn insbesondere die „Negerinnen aller Schattierungen, die in ihren Armen kleine weiße Kinder halten".

Zurückgehrt in seine heimatliche Kunstmetropole, knüpft er freundschaftliche Verbindungen zu den führenden Künstlern der vorherrschenden Stilrichtung. Das bewahrt ihn, den eher reservierten jungen Menschen, vor der gesellschaftlichen Isolierung. Er beteiligt sich an ihren Ausstellungen. Seine bisherigen Motive erweitert er um Szenen aus dem Kultur- und dem vom zeittypischen Stadtkolorit geprägten Alltagsleben, wobei er häufig Fotografien als Malvorlage wählt. Wie in einer fotografischen Momentaufnahme hält er die Bewegungen und Haltungen der Personen scharf fest, doch stellt er die Hauptpersonen nicht in den Bildmittelpunkt, sondern versetzt sie an den Bildrand. Dabei will er in seinen Werken, die von Spontaneität, Leichtigkeit und einer dynamischen Körpersprache gekennzeichnet sind, seine individuelle Sicht der Dinge darstellen. Seine Bilder drücken natürliche, ungekünstelte Bewegungen aus, was ihre Vitalität ausmacht. Als sein Vater stirbt und sein Bruder eine Pleite in seinem Baumwollgeschäft erlebt, muss er seinen Lebensunterhalt allein durch seine Malerei verdienen und einiges aus seiner geliebten Sammlung verkaufen. Obwohl er in keiner Weise Bohemien ist und selbst sehr enthaltsam lebt, macht es ihn verlegen, seine Freunde nunmehr in einer neuen, beengten Wohnung empfangen zu müssen. Um von seinen Werken mehrere Kopien verkaufen zu können, wählt er eine neue Technik, die ihm mehrere Abdrucke ermöglicht. Während dieser Zeit löst er sich allmählich von seinen Kunstfreunden, nachdem er sich letztmalig an einer ihrer Ausstellungen beteiligt hat.

Zeit seines Lebens lässt ihm seine Leidenschaft für seine Kunst keinen Raum für irgendeine andere Beziehung. Über seinen stillen Wunsch zu heiraten, schreibt er: „Könnte ich eine nette, kleine Frau finden, ganz schlicht und ruhig, die meine verrückten Ideen verstehen würde und mit der ich leben könnte, während ich an dem arbeite, was ich am meisten liebe."

Umso schwerer trifft es ihn, als er nahezu erblindet und die Malerei aufgeben muss. Doch trotz dieses Schicksalsschlags beendet er sein künstlerisches Schaffen nicht, sondern wendet sich einer neuen Kunstform, der Bildhauerei zu. Finanziell hilft es ihm, als eines seiner Bilder zu einem Höchstpreis verkauft wird, den bis dahin jemals ein Künstler in seinem Lande erzielt hat. Vor der zunehmenden Vereinsamung am Ende seines achten Lebensjahrzehnts schützt ihn freilich dieser Verkaufserfolg nicht. Das Ende des Zweiten Weltkrieges, in dem sein Vaterland erneut gegen Deutschland kämpft, erlebt er nicht mehr. Die Tragik seines verdunkelten Lebensabends spiegelt sich in seinen Worten wider: „Wir sind doch geschaffen, einander anzuschauen, nicht wahr?"

*Wer mag's sein?*

*Auflösung auf Seite 44*

Auflösung zu Seite 169:
*Helene Lange*

## *Sie entstammt einer Kaufmannsfamilie...*

und wächst in einer Residenzstadt in Norddeutschland auf. Ihre Mutter stirbt bei ihrer Geburt beinahe und bleibt pflegebedürftig. Da der Vater meistens abwesend ist, wächst sie in der Obhut ihrer Großeltern auf, von denen sie eine tiefe Verwurzelung im Christentum übernimmt. Betreut wird sie außerdem von einer Erzieherin. Dann besucht sie die Volksschule, die sie mit dem vierzehnten Lebensjahr verlässt. Sie findet eine um einige Jahre ältere Freundin, mit der sie gemeinsam Gedichte verfasst.

Da in ihrem Heimatland Frauen keine Zugangsberechtigung zur Universität haben, geht sie in die Schweiz, um Geschichte, Philologie und Philosophie zu studieren. Doch zunächst bereitet sie sich auf das schweizerische Abitur, die Matura, vor. Innerhalb eines Jahres holt sie eine gesamte Gymnasialbildung nach und besteht die Maturitätsprüfung mit der besten Note. Während ihres anschließenden Studiums

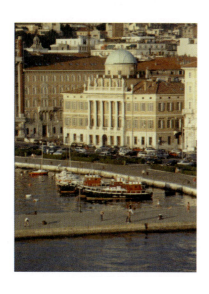

veröffentlicht sie ihre ersten Gedichte. Knapp drei Jahre später legt sie ihr Diplomexamen für das höhere Lehramt ab und wird kurze Zeit später als eine der ersten Frauen promoviert. Da ihre Einnahmen aus der beginnenden Schriftstellerei nicht zum Lebensunterhalt reichen, nimmt sie eine Stelle als Bibliothekarin an. Zur gleichen Zeit erscheint ihr erster Lyrikband, und bald darauf veröffentlicht sie erste Dramen und Erzählungen sowie einen autobiografischen Roman.

Die Bibliotheksarbeit erfüllt sie wenig. Deshalb wechselt sie in den Lehrerberuf, zunächst in der Schweiz, später in Bremen, wo sie Deutsch und Geschichte unterrichtet. Doch an der Weser hält es sie nur kurz. Sie siedelt nach Wien um, wo sie ihren künftigen Ehemann, einen italienischen Zahnarzt kennen lernt, dem sie nach der Hochzeit in dessen Heimat folgt. Aus dieser Ehe geht eine Tochter hervor.

In Italien erarbeitet sie als erste die Geschichte der italienischen Einigung unter Garibaldi und erwirbt sich mit dieser Forschung öffentliche Anerkennung bis in die Reihen der Faschisten. Dies hilft ihr später, im nationalsozialistischen Deutschland vor Verfolgung verschont zu bleiben. Parallel zu ihren historischen Studien publiziert sie ihren ersten literaturwissenschaftlichen Band, mit dem sie zur Erneuerung ihrer Epoche im Geist der Romantik beitragen will.

Mit Beginn des neuen Jahrhunderts zieht sie nach München, wo sie einen gesellschaftskritischen Roman veröffentlicht und eine Biografie über einen Schriftstellerkollegen schreibt. In dieser Zeit lässt sie sich von ihrem italienischen Ehemann scheiden und heiratet ihre langjährige Jugendliebe, ihren Vetter ersten Grades, zu dem sie in ihre Geburtsstadt zieht. Doch auch diese Ehe hält nicht lange, und sie geht zurück an die Isar, wo sie ihre historischen Arbeiten fortsetzt. Im Verlauf des Ersten Weltkrieges lässt sie sich wieder in der Schweiz nieder. Den Wechsel vom Krieg zum Frieden empfindet sie als Befreiung. Erst nach Kriegsende kehrt sie nach München zurück. Dort wird sie an ihrem sechzigsten Geburtstag zur Ehrenbürgerin ernannt. Sie setzt ihre historischen Studien, in denen sie Geschichte mit der Gegenwart verbindet, fort.

Nach der Machtergreifung der Nationalsozialisten verweigert sie eine von den Mitgliedern der Preußischen Akademie der Künste geforderte Loyalitätserklärung gegenüber dem neuen Regime und tritt aus Protest gegen die nationalsozialistische Gleichschaltung und Rassenpolitik als erstes Mitglied aus der Akademie aus. Trotz ihrer systemkritischen Haltung kann sie, nicht zuletzt wegen ihrer italienischen Verbindungen, weiterhin publizieren. Sie hält Kontakt zu Widerstandskreisen. Ihre Wohnung entwickelt sich zu einem Gesprächszentrum, wo neben Künstlern und Wissenschaftlern auch eine große Zahl der Personen oder Familien verkehren, die später am missglückten Attentat vom 20. Juli 1944 beteiligt sind. Den Frauen und Männern des Widerstands nach Kriegsende ein Denkmal zu setzen, ist ihr ein wichtiges Anliegen. Doch das Projekt, die Lebensläufe der Widerstandskämpfer in Biographien festzuhalten, gelingt ihr nicht vollständig.

Die neuen Machthaber in der Sowjetischen Besatzungszone Deutschlands bemühen sich um sie und zeichnen sie mit einer Ehrendoktorwürde aus. Doch sie entzieht sich dem aufkeimenden Totalitarismus und flieht in den Westen. Dort findet sie mit Unterstützung ihres Schwiegersohnes in Hessen eine Unterkunft. Kurz darauf stirbt sie und wird in einem Ehrengrab in der Goethestadt am Main beigesetzt.

*Wer mag's sein?*

*Auflösung auf Seite 172*

Auflösung zu Seite 45:
*Johann Sebastian Bach*

# Er wird an einem Septembernachmittag...

Was ist

der langen Rede

kurzer Sinn ?

als Sprössling eines alten Adelsgeschlechts geboren. Seine kräftige Statur hilft ihm, ein paar schwere Krankheiten zu überstehen. Schon im Alter von elf Jahren wird er zur Vollwaise. Gut zwei Jahre kommt er auf eine evangelische Lateinschule. Noch nicht sechzehnjährig wechselt er auf eine fränkische Akademie. Doch hier bleibt er nicht lange, da er sich immer wieder auf Schlägereien einlässt und sich dem Drang der Jugend nach Vergnügen jeglicher Art hingibt. Dabei werden sein jähzorniges Temperament und seine oft unbeherrschte Natur erstmals sichtbar.

Nach der Akademiezeit wird er von seinen Verwandten auf eine längere Reise durch Europa geschickt, die ihn u.a. nach Frankreich und Italien führt und seine Bildung gründlich und umfassend erweitert. Nach Rückkehr von dieser Auslandsfahrt wird er mit Anfang zwanzig Soldat, zeichnet sich in den ersten Kriegseinsätzen seines Regiments durch Tapferkeit aus und wird bald zum Offizier befördert. Doch eine schwere

Verletzung an der rechten Hand und die Kriegs-
strapazen lassen ihn an einer Art Fleckfieber erkran-
ken. Um diese Zeit wechselt er seine Religion, vermutlich um besser Karriere machen zu können.

Als er sich sein erstes Horoskop ausstellen lässt,
charakterisiert ihn dieses als einen Menschen mit großem Ehrgeiz und Machtstreben. Gefährliche Feinde
werden ihm vorausgesagt, die er meistens besiegen
werde. Besonders stark beeindruckt ist er von der
Ankündigung einer Heirat mit einer nicht allzu schönen, aber reichen Frau. Diese Vorhersage erfüllt sich
dann einige Jahre später, als er die Ehe mit einer sehr
vermögenden Witwe schließt, durch die er zum Mitei-
gentümer mehrerer Güter und damit zu einem der größten Grundbesitzer seines Landes wird.

Er interessiert sich für jeden Vorgang auf seinen Gütern, beschränkt den Frondienst seiner Bauern, erlaubt den Holzeinschlag in den Wäldern und hebt das
Fischereiverbot auf. Er erkennt weitsichtig, dass er
die Lebensbedingungen seiner Untertanen verbessern
muss, um die Produktivität und damit das Einkommen seiner Güter zu erhöhen. Als seine Frau nach
nur fünfjähriger Ehe stirbt, lässt er sie mit großem
Pomp beisetzen und gründet ihr zu Ehren ein Kloster.
Ihm selbst sind die Verwaltung seiner Güter und sein
Seelenheil wichtig.

Während er politisch keinerlei Aktivitäten entfaltet,
glänzt er durch seinen Reichtum, durch seine Pracht-
entfaltung und seinen Prunk. Er scheint keine Finanz-
sorgen zu kennen. In regelmäßigen Abständen fährt
er in die Reichshauptstadt, wo er durch seine aufwen-
digen Auftritte auffällt, die seinem Naturell und dem
barocken Zeitgeist entsprechen und ihm Reputation
bei Hofe verschaffen.

Als ein Hilfegesuch seines in einen Krieg verwickel-
ten Herrschers um finanzielle Unterstützung eintrifft,
kommt für ihn eine Chance, wieder als Soldat aktiv zu
werden. Er wirbt Truppen an, die er vorbildlich ausrü-
stet und bewaffnet. Als es einige Zeit später zum Kon-

flikt zwischen seinen adeligen Standesgenossen und dem Souverän kommt, stellt er sich auf die Seite des Letzteren. Dafür wird er von den Ständen wegen tückischer und ehrvergessener Verräterei des Landes verwiesen und all seiner Güter und Besitztümer verlustig erklärt.

Er wirbt neue Truppen an, deren Bezahlung er übernimmt, soweit sie sich nicht durch Plündern ernähren. Als Gegenleistung werden seine Vollmachten ständig erweitert. Dies nutzt er, um neuen Landbesitz günstig zu erwerben und alten gewinnbringend zu verkaufen. Eine zweite Heirat hilft ihm darüber hinaus, seinen politischen Einfluss auszubauen. Seine militärischen Leistungen werden mit einer Standeserhöhung gewürdigt. Sein neues Besitztum baut er zu einem leistungsfähigen und blühenden Land aus. Auch eine weitere militärische Rangerhöhung lässt nicht lange auf sich warten. Sofort steigert er das Tempo der Rüstungen auf das Äußerste. Dabei achtet er darauf, dass die Truppenführer Disziplin im Heer halten und ihren Soldaten Plünderungen untersagen. Trotzdem wird er für Verwüstungen und Plünderungen des Heeres verantwortlich gemacht. Zudem wird er des Hochverrats beschuldigt, da er Geheimkontakte mit dem Feind aufnimmt. Als seine eigenmächtigen und geheimen Friedensbemühungen trotz monatelanger Dauer zu keinem Ergebnis führen, wird er abgesetzt. Kurz darauf wird er ermordet. Seine vorübergehende Ruhestätte findet er in einem Kloster. Danach wird er in einer von ihm zu seinen Lebzeiten eingerichteten Gruft neben den Reliquien seiner ersten Frau beigesetzt.

*Wer mag's sein?*

*Auflösung auf Seite 8*

Auflösung zu Seite 177:
*Julius Caesar*

## Er wird als Sohn eines Schneidermeisters...

und Postboten geboren. Seine Familie gehört zu den wenigen katholischen in seinem Heimatort. Nach der Schule besucht er eine Präparandenanstalt und dann ein katholisches Lehrerseminar. Erfolgreich legt er die Prüfung zum Volksschullehrer ab, unterrichtet anschließend aber nur knapp zwei Jahre. Da ihm der Lehrerberuf viel freie Zeit lässt, fängt er ein Studium des Staatsrechts und der Nationalökonomie an. Allerdings beendet er dies nicht, weil er eine Stelle als Redakteur für eine katholische Zeitung erhält und sich gleichzeitig in katholischen Arbeitervereinen und auch parteipolitisch engagiert.

In seiner Heimat wird er ein begehrter Redner, der Sonntag für Sonntag vor Handwerkern, Bauern und Arbeitern vor allem über die katholische Soziallehre und gegen den Marxismus spricht. Gegen den Widerstand des hohen Klerus und von konservativen Parteifreunden wirkt er bei der Gründung einer überkonfessionellen christlichen Gewerkschaft mit.

Im Alter von noch nicht dreißig Jahren wird er als zu seiner Zeit jüngster Abgeordneter ins Reichsparlament gewählt. In Journalismus und Agitation versiert, schafft er sich dort schnell eine feste Position und entwickelt sich zu einem Experten in Kolonial- und Budgetfragen. Dabei hilft ihm, dass er ein phänomenales Gedächtnis hat. Da er Konventionen missachtet und sich we-

der an parteipolitische noch parlamentarische Tabus hält, macht er sich in allen Parteien, auch in seiner eigenen, unbeliebt. Als er im Parlament mit detaillierten Enthüllungen Kolonialskandale aufdeckt, wird er einer breiten Öffentlichkeit bekannt. Gleichzeitig setzt aber auch ein publizistischer Kampf gegen ihn ein. Innenpolitisch tritt er für eine starke Aufrüstung und außenpolitisch für eine Weltmachtstellung seines Landes ein, doch lehnt er eine Expansion mit militärischen Mitteln ab. Als es freilich zum Ersten Weltkrieg kommt, befürwortet er in einer Denkschrift weitgehende Annexionen. Er bekommt von seiner Regierung den Auftrag, eine Nachrichtenorganisation für das Ausland aufzubauen, um die feindliche Informationsblockade zu durchbrechen. Zudem bemüht er sich als Sonderbotschafter auf diplomatischer Ebene vergebens, Italien und Rumänien vom Kriegseintritt gegen die Mittelmächte abzuhalten.

Da sich im dritten Kriegsjahr die Lage für sein Land immer mehr verschlechtert, kommt er zu der Überzeugung, dass der Krieg nur noch auf parlamentarisch-diplomatische Weise beendet werden könne. Deshalb initiiert er eine Resolution, in der ein Frieden ohne Annexionen und Entschädigungen gefordert wird. Als das militärische Oberkommando plötzlich einen Waffenstillstand verlangt, führt er mit den Kriegsgegnern die notwendigen Verhandlungen. Als erster seiner vierköpfigen Delegation unterzeichnet er den Waffenstillstand mit den Alliierten, der die Kampfhandlungen des Ersten Weltkrieges beendet.

Als Chef der Waffenstillstandskommission wird er zum Reichsminister ohne Geschäftsbereich ernannt und hat in dieser Funktion die Durchführung des Waffenstillstands zu überwachen. In der Debatte um die Annahme oder Ablehnung des nachfolgenden Friedensvertrages, den er selbst als „Teufelswerk" bezeichnet, setzt er sich für dessen Annahme ein, da er mangels militärischer und politischer Alternativen keine andere Lösung sieht.

Bald darauf wird er Finanzminister und setzt zur Sanierung der Reichsfinanzen eine Finanzreform durch. Sein Grundprinzip ist dabei die Einheitlichkeit und Gleichmäßigkeit im gesamten Land sowie soziale Gerechtigkeit bei der Besteuerung. Seine politischen Gegner stempeln ihn dagegen zum „Reichsverderber", da er sein Land in die Katastrophe und zum schmachvollen Frieden getrieben sowie ein auf Enteignung angelegtes Steuersystem geschaffen habe. So wird er zur politischen Hassfigur, und auch in der Führung seiner eigenen Partei wird er als Belastung empfunden. Aber die Parteibasis steht hinter ihm. Er lässt sich gegen das Votum seines Parteivorstandes wieder zur Wahl aufstellen und zieht erneut ins Reichsparlament ein.

Als er gut ein Jahr später im Urlaub in seiner Heimat nach einem Kirchgang mit einem Parteifreund spazieren geht, lauern ihn Attentäter auf und feuern aus ihren Pistolen auf ihn. Tödlich getroffen springt er eine Böschung hinab und bricht zusammen. Die Mörder geben noch drei weitere Schüsse auf ihn ab. Die staatliche Trauerfeier wird zu einer politischen Kundgebung gegen den Extremismus von rechts.

*Wer mag's sein?*

*Auflösung auf Seite 152*

Auflösung zu Seite 125:
*Julius Leber*

# Einem reichen jüdischen Kaufmann...

wird sie als älteste Tochter geboren. In ihrer Jugend leidet sie unter ihrem geistreichen, launenhaften und despotischen Vater. Vergeblich sucht sie Wärme und Geborgenheit bei ihrer Mutter. Sie ist schmächtig und blass, wirkt zart und sensibel. Von Kindheit an bleibt sie lebenslang von Krankheiten, insbesondere von rheumatischen Beschwerden und Migräneanfällen geplagt. Eine höhere Schulbildung bleibt ihr verschlossen. Da in ihrer Familie noch ein altertümliches Judendeutsch gesprochen wird, hilft ihr ein gleichaltriger Jugendfreund, richtiges Deutsch zu erlernen. Für noch wichtiger erachtet sie Literatur.

Als sie nach dem Tod ihres Vaters im Familienunternehmen mitarbeiten möchte, lehnt das die Familie ab, da Frauen als ungeeignet für Geschäfte gelten. Sie darf lediglich der überforderten Mutter im Haushalt und bei der Erziehung der jüngeren Geschwister helfen. Noch keine fünfundzwanzig Jahre alt eröffnet sie einen literarischen Salon, in dem sich jede Woche junge Dichter, Künstler, Philosophen und Staatsmänner treffen, um über Literatur, Kunst und Philosophie zu diskutieren. Dagegen spielt die Politik in den Unterhaltungen kaum eine Rolle. Ebenso sind Besitz, Standes- und religiöse Unterschiede bei diesen Zusammenkünften bedeutungslos. Bei der geistreichen Unterhaltung kommt es auf Witz und Verstand an. Für die Gastgeberin wird der Salon zur Akademie, hier saugt sie Wissen auf und übt ihren Verstand.

Ihr Versuch, durch Heirat mit einem Grafen aus einem der ältesten märkischen Geschlechter Zugang in die preußische Gesellschaft zu finden, scheitert. Sie, die Bürgerliche und Jüdin ohne Mitgift, gilt als nicht standesgemäß. Die Scham darüber quält sie ihr ganzes Leben. Als durch Napoleons Kriege das Unternehmen der Familie in Schwierigkeiten gerät, verringern sich die regelmäßigen Zahlungen aus dem Familieneinkommen. Sie muss ihren Lebensstil ändern und ihre Ausgaben einschränken. Zudem bleiben ihre Gäste nach und nach aus, da aufkeimendes Nationalbewusstsein die Weltoffenheit und die religiöse Toleranz in den Salons verdrängt.

Nun zieht sie aus dem elterlichen Haus aus, um in einer eigenen Wohnung mit einem vierzehn Jahre jüngeren ehemaligen Studenten zusammenzuleben, der seine Universitätsausbildung ohne Examen abgebrochen hat. Sie bemüht sich, ihn mit ihrem unerschütterlichen Glauben an die Bildungsfähigkeit begabter Menschen zu leiten und spornt ihn an, sein Studium wieder aufzunehmen.

Doch er meldet sich zur österreichischen Armee, um gegen Napoleon zu kämpfen. Ohne ihren Freund sucht sie sich eine neue Aufgabe. Sie hilft bei der Versorgung der Verwundeten aller Kriegsparteien und sammelt Spenden für die Hinterbliebenen. Um nach Ende des Krieges ihren Geliebten heiraten zu können, konvertiert sie zum Christentum, da eine Eheschließung zwischen einer Jüdin und einem Christen als nicht akzeptabel gilt.

Ihren Mann, der endlich im Staatsdienst untergekommen ist, begleitet sie auf seinen diplomatischen Missionen. Sie sträubt sich gegen Repräsentationspflichten und leidet darunter, dass sie als Diplomatenfrau keine eigene Meinung äußern darf. Sie fühlt sich vereinsamt in einer Gesellschaft, die nicht ihrem geistigen Niveau entspricht. Dennoch ist sie nicht erleichtert, sondern entrüstet, als ihr Mann nach drei Jahren ohne Angabe von Gründen von seinem Diplomatenposten abberufen wird.

Sie kehrt mit ihm in ihre Geburtsstadt zurück. Dort eröffnet sie erneut einen Salon in ihrem gastlich-offenen Haus. Jetzt sind ihre Besucher meistens gesetzte, zu Ämter und Würden gelangte Persönlichkeiten, und die Gastgeberin legt Wert darauf, ihren Gästen beim Abendessen etwas Erlesenes zu bieten. Doch das reicht ihr nicht. So schreibt sie mehr als zehntausend Briefe an dreihundert Menschen mit poetischen Passagen, philosophischen und gesellschaftlichen Einsichten, Literaturkritiken, Abhandlungen über Schauspielkunst, Tanz, Malerei und Musik, sogar Tagebucheintragungen.

Immer wieder bedauert sie ihr Schicksal, eine Frau und noch dazu eine geborene Jüdin zu sein. Zudem verschlimmert sich ihre brüchige Gesundheit; sie leidet unter Beklemmungen, Gicht und Rheuma. Selbst Kuren helfen nur wenig, völlig gesund wird sie nicht mehr. Im Alter von zweiundsechzig Jahren stirbt sie.

*Wer mag's sein?*

*Auflösung auf Seite 168*

Auflösung zu Seite 65:
*Karl V.*

# Er wird im Gewittersturm...

um Mitternacht in einer kleinen Hafenstadt als erstes Kind eines Justizrats und einer Patriziertochter geboren. Er wächst relativ freizügig auf. Seine Mutter ist bescheiden, sein Vater spröde. Sein Verhältnis zu ihnen ist wenig innig. „Ein nahes Verhältnis fand während meiner Jugend zwischen mir und meinen Eltern nicht statt; ich entsinne mich nicht, dass ich derzeit jemals von ihnen umarmt oder gar geküsst worden bin." So tut es ihm gut, dass er mit seiner sehr geliebten Schwester in einem Bett schläft, bis sie mit sieben Jahren stirbt.

Mit vier Jahren kommt er in eine Klipp-, fünf Jahre später in eine Gelehrtenschule. Als sechzehnjähriger Schüler schreibt er seine ersten Gedichte, die der populären Wochenblattpoesie nachempfunden sind. Mit achtzehn Jahren wechselt er auf ein altsprachliches Gymnasium. Dort lernt er einen Freund kennen, der ihm zum ersten Mal in seinem Leben zeitgenössische Literatur nahe bringt.

Nach der Reifeprüfung entscheidet er sich zum Jurastudium, da man dieses Fach ohne besondere Nei-

gung studieren könne. Sechs Jahre lang genießt er das Studentenleben dank der väterlichen finanziellen Zuwendungen. Während dieser Zeit trägt er mit Freunden eine Sammlung von Liedern, Märchen und Sagen seiner Heimat zusammen und verfasst dann gemeinsam mit zwei Kommilitonen ein Liederbuch. Nach seinem juristischen Abschlussexamen kehrt er in seine Geburtsstadt zurück. Trotz der etlichen Schulden, die er während seiner studentischen Bummeljahre angesammelt hat, freuen sich seine Eltern auf ihn.

Zunächst arbeitet er in der Kanzlei seines Vaters. Während ihn die kleinstädtisch beschränkte Atmosphäre bekümmert, genießt er die Gemütlichkeit, die Anerkennung und das fest vorgegebene Leben. Er veranstaltet Maskenbälle, gründet einen Singverein und dichtet. Er zieht bei seinen Eltern aus und nimmt sich eine eigene Wohnung, in der ihm eine Tante den Haushalt führt. Dem Junggesellen, schmächtig, mit schleppendem Gang und mattem dunkelblondem Haar, fehlt nur noch eine Frau zum wohlgesetzten und wohlanständigen Leben. Drei Jahre später überrascht er seine Familie mit der Nachricht, seine gut zehn Jahre jüngere Cousine heiraten zu wollen. Auf Wunsch seines Vaters wartet er zwei Jahre, dann wird geheirat. Aus der Ehe werden sieben Kinder hervorgehen.

Da er eine unversöhnliche Haltung gegenüber seinem Landesherrn einnimmt und eine Ergebenheitserklärung verweigert, wird ihm die Advokatur entzogen. So emigriert er in das von ihm verachtete Preußen, wo er allerdings nur eine unbezahlte Anstellung in einem Kreisgericht findet. Obwohl er eine schon vier Jahre zuvor verfasste Novelle veröffentlicht, muss er mit beruflichen und finanziellen Schwierigkeiten kämpfen. Hilfe kommt von seinem Vater, der ihm Geld für Essen und Miete schickt. Gleichzeitig muss er erfahren, dass er sich mit seiner republikanischen Gesinnung im Kreise seines konservativen Umfeldes isoliert. Schließlich wird er zum Kreisrichter ernannt und bekommt dadurch die lange gewünschte „definitive Anstellung". Da die Bezahlung schlecht ist, muss er sich im Winter mit seiner Familie auf zwei beheizte Zimmer im Haus beschränken. Sein Beruf bleibt ihm im Innersten seines Wesens fremd, ja er empfindet geradezu ein körperliches Grauen vor ihm.

Als seine Heimatstadt acht Jahre später unter preußische Herrschaft kommt, beruft ihn die Bevölkerung der Stadt zum Landvogt. So kehrt er dorthin zurück und wird später im Zuge einer Verwaltungsreform zum Amtsrichter ernannt. Als seine Frau bei der Geburt des letzten Kindes stirbt, verleiht er seinen Gefühlen in einem Gedichtzyklus Ausdruck. Zwei Jahre später heiratet er dann eine Senatorentochter, mit der ihn bereits während seiner ersten Ehe eine leidenschaftliche Beziehung verbunden hat. Nach seinem Willen müssen die Kinder ihre Stiefmutter Tante nennen, aber ein inniges Verhältnis entwickeln sie nicht zu ihr.

In den folgenden Jahren verfasst er zahlreiche Novellen, aus denen er täglich um vier Uhr zum Tee vorliest. Sein Bekanntheitsgrad wächst von Jahr zu Jahr. Als er in den Ruhestand versetzt wird, bezieht er seine „Altersvilla" in einem landeinwärts gelegenen Ort. Einige Jahre später erkrankt er an Magenkrebs. Um ihm in seinem Leid aufzuhelfen, greift seine Familie zu einer List. Er wird noch einmal untersucht, danach gaukeln sie ihm Hoffnung vor. Das hilft. Er rafft sich für wenige Stunden am Tag auf und vollendet seine letzte und längste Novelle. Schließlich verstirbt er an einem Sommertag. Begleitet von einer riesigen Menschenmenge, doch ohne Priester – wie er es zu Lebzeiten bestimmt hat – wird er in seinem Geburtsort beigesetzt.

*Wer mag's sein?*

*Auflösung auf Seite 184*

Auflösung zu Seite 21:
*Katharina die Große*

## *Einen Tag vor Heiligabend ...*

wird sie in einem Dorf am Rande eines Moor- und Heidegebietes als drittes Kind und zugleich erste Tochter eines Häuslers geboren. Ihr Vater stammt aus der nahen Umgebung, ihre Mutter aus der ferner gelegenen Residenz des vormaligen Königreiches. Nach protestantischer Sitte wird sie erst einige Wochen später getauft. Sie wächst in ärmlichen Verhältnissen auf und muss in ihrer Kindheit und Jugend sehr viel Schweres und Trübes über sich ergehen lassen. In der Grundschule erhält sie eine solide sprachliche Grundbildung. Diese ist ihr ebenso wie eine souveräne Lebensklugheit, ein geradezu angeborener Takt sowie ein gewisser Grad an Durchsetzungsvermögen in ihrem späteren Leben eine große Hilfe.

Bereits mit zwölf Jahren verlässt sie ihre elterliche Wohnung, um als Jungmagd auf einem Hof in einem benachbarten Dorf zu arbeiten. Als ihre Eltern in die nahegelegene Hansestadt ziehen, folgt sie ihnen dorthin. Nach der Konfirmation, die sie ohne innere Anteilnahme erlebt, geht sie bei einer großbürgerlichen Familie „in Stellung".

Gegen den Willen ihrer Mutter gibt sie einige Jahre später die unterbezahlte und aufreibende Tätigkeit als Dienstmädchen auf und nimmt die besser bezahlte Arbeit als Etikettkleberin in einer Tabakfabrik an. Bei ihren Berufskolleginnen findet sie ein starkes gewerkschaftliches Bewusstsein und einen hohen Organisationsgrad, und so schließt sie sich bald dem örtlichen „Fachverein der Kistenfabrikarbeiter" an, in dem sie bis in den Vorstand aufrückt.

Auf einer gewerkschaftlichen Weihnachtsfeier lernt sie einen Redner aus Süddeutschland kennen, der als Redakteur und Gerichtsreporter für eine Gewerkschaftszeitung arbeitet. Er weckt ihre Aufmerksamkeit und wirbt seinerseits um ihre Gunst. Obwohl sie vor dem „Zugereisten" gewarnt wird, kann sie die Bedenken ihrer Mutter und ihrer Familie bald zerstreuen. Noch nicht volljährig, heiratet sie den „sworte Sozialdemokrat". Da alsbald der erste Sohn geboren wird, beschließen die Jungvermählten, zur Aufbesserung des Familieneinkommens eine Gastwirtschaft zu pachten. Mehr und mehr übernimmt sie dort die tatsächliche Leitung und wird schnell für ihre Kochkünste bekannt, was gut ein Viertel Jahrhundert später sogar Diplomaten als ihre Gäste zu schätzen wissen. Obwohl das Lokal einen erträglichen Gewinn einbringt, gerät sie nach fünf Jahren wegen ihrer Doppelbelastung als Gastwirtsfrau und Mutter von fünf Kindern in eine Krise. Da ihr Mann eine Stelle als Arbeitersekretär findet, geben sie den Gastwirtsbetrieb auf. Wiederum fünf Jahre später führt die gewerkschaftliche und parteipolitische Karriere ihres Mannes die Familie in die Reichshauptstadt. Als Freidenker müssen sie dort allerlei kleinliche Schikanen erleiden. Sie pachten ein Laubengrundstück, wo sie am Wochenende dem

Großstadtleben entfliehen und Erholung finden können. Wie Millionen andere Familien muss auch ihre unter Hunger und Entbehrungen leiden, die der Erste Weltkrieg dem Land bringt. Im dritten Kriegswinter kann sie keine Freude mehr am Weihnachtsfest empfinden, zumal keiner ihrer Angehörigen Heimaturlaub bekommen hat. Schwer trifft es sie, als kurz darauf zwei ihrer Söhne als Soldaten ihr Leben lassen müssen. Die Uhr und die Briefschaften ihres Zweitgefallenen bekommt sie an ihrem dreiundzwanzigsten Hochzeitstag zugestellt.

Die politischen Neuerungen nach Kriegsende bringen ihren Mann in führende staatliche Verantwortung. Dies bedeutet für sie als Ehefrau, zahlreiche repräsentative Aufgaben wahrnehmen zu müssen. Durch ihre schlichte Art und ihre Unbefangenheit findet sie Anerkennung. Als Schirmherrin der „Deutschen Kinderhilfe" engagiert sie sich für Not leidende Kinder, doch in die aktive Politik schaltet sie sich nicht ein.

Als ihr Mann unerwartet stirbt, zieht sie ich ins Private zurück und widmet sich als Familienoberhaupt verstärkt ihnen Kindern und Enkeln, für die sie eine sehr kinderliebe, aber auch strenge und gerechte Großmutter ist. Zum Ende ihres Lebens lässt sie sich in der Heimatstadt ihres Mannes nieder, um dort dessen Grabstätte näher zu sein. Als ihr ältester Sohn im kommunistischen Osten der geteilten Reichshauptstadt ein politisches Führungsamt übernimmt, verurteilt sie dies. Bis zu ihrem Lebensende, das sie plötzlich nach einem Herzanfall trifft, ist sie im Persönlichen sparsam, für soziale Zwecke großzügig.

*Wer mag's sein?*

*Auflösung auf Seite 128*

Auflösung zu Seite 73:
*Königin Luise*

# Er wird als fünftes Kind jüdischer Kolonisten...

die es zu bescheidenem Wohlstand gebracht haben, geboren. Seine kleinbürgerliche Kindheit verlebt er in einem ukrainischen Dorf in weiter Steppe. Seine Kindheit empfindet er von einer „biederen Kleinbürgerkindheit, farblos in der Schattierung, beschränkt in der Moral, nicht von Kälte und Not, aber auch nicht von Liebe, Überfluss und Freiheit geprägt."

Zunächst besucht er für einige Monate eine religiös geprägte Schule, nicht weit von seinem elterlichen Gut. Danach wechselt er an eine Realschule, die – in einer großen Hafenstadt gelegen – aus einer deutschen lutherischen Gemeinde entstanden ist. Die Schulzeit hier lehrt ihn systematische Arbeit und äußere Disziplin; aber auch der Samen der Feindschaft gegen das Bestehende in Staat und Gesellschaft wird gelegt. Gleichzeitig lernt er das ländliche, orthodoxe Judentum, wie es seine Familie praktiziert, aus der aufgeklärten Sicht des großstädtischen Bürgertums zu sehen. Dies bringt ihn dazu, sich für ein weltoffenes, assimiliertes Judentum einzusetzen.

Im letzten Schuljahr, das er in einer benachbarten Kleinstadt absolviert, findet er Kontakt zu oppositionellen politischen Kreisen. Als sein Vater davon erfährt, verliert er die materielle Unterstützung seitens seiner Familie. So zieht er mit Mitschülern in eine Kommune und gründet mit Gleichgesinnten eine Gesellschaft zur Verbreitung nützlicher Bücher im Volk. Nach seinem Abitur, das er als Bester seines Jahrgangs besteht, wirkt er maßgeblich an der Gründung eines Arbeiterbundes mit. Er tritt einem Diskussionszirkel junger Oppositioneller bei, unter denen eine sieben Jahre ältere Aktivistin , die er später heiraten wird, seine intellektuelle Kontrahentin ist.

Schon bald wird er von der Polizei im Rahmen von Massenverhaftungen festgenommen und zur Verbannung verurteilt. Noch im Untersuchungsgefängnis heiratet er seine politische Kampfgefährtin, die mit ihm in die Verbannung gehen muss. Dort widmet er sich intensiv gesellschaftskritischen Studien, die ihm das theoretische Fundament für seine Fundamentalkritik am politischen und gesellschaftlichen System seines Landes liefern.

Zwei Jahre später flieht er aus der Verbannung, lässt Frau und die beiden inzwischen geborenen Töchter zurück und emigriert. Dabei hilft ihm, dass er seinen Namen ändert. Im Ausland trifft er auf einen anderen politischen Emigranten, bei dem er Unterkunft findet und für dessen Zeitung er zeitweilig als Redakteur arbeitet. Doch schon bald entzweien sich beide über parteitaktische Fragen. Die gegenseitigen Polemiken werden für lange Zeit das Verhältnis zwischen ihnen belasten.

Er lernt eine Kunstgeschichtsstudentin kennen, die bis zu seinem Lebensende an seiner Seite bleibt. Als er in seine Heimat zurückkehrt, wird er erneut verhaftet und in einem Schauprozess zu lebenslanger Verbannung verurteilt. Beim Transport in die Verbannung kann er entkommen und flieht abermals in Ausland, wo er als rastloser Emigrant Asyl in verschiedenen

Metropolen westlicher Demokratien findet. In den Flügelkämpfen der Fraktionen der revolutionären Emigrantenpartei nimmt er eine zentristische Position ein. Als durch eine Revolution eine neue Regierung in seinem Heimatland an die Macht kommt, kehrt er dorthin zurück und organisiert Kampfverbände, die die noch schwache Regierung erfolgreich stürzen.

In der dann gebildeten Regierung wird ihm zunächst die Verantwortung für die auswärtigen Angelegenheiten und bald darauf für das Kriegswesen übertragen. In dieser Funktion baut er die zerstreuten Revolutionstruppen zu einer straff geführten Armee um. Kritikern seiner brutalen Bekämpfung antirevolutionärer Aufständischer antwortet er: „Ich bin bereit zuzugeben, dass ein Bürgerkrieg keine Schule für menschliches Verhalten ist. Idealisten und Pazifisten haben der Revolution immer Exzesse vorgeworfen. Die Schwierigkeit der Sache liegt darin, dass die Ausschreitungen der eigentlichen Natur der Revolution entspringen, die selbst ein Exzess der Geschichte ist."

Den aufkommenden Totalitarismus der neuen Machtelite und den wachsenden Nationalismus in seinem Land kritisiert er scharf. Da ihm Gleichgesinnte fehlen, wird er macht- und parteipolitisch isoliert und schließlich abermals in die Emigration gezwungen. Sein Name und seine Fotos werden aus allen offiziellen Dokumenten und Texten getilgt. Schließlich wird er Opfer eines beauftragten Mordanschlags, an dessen Folgen er einen Tag später stirbt.

*Wer mag's sein?*

*Auflösung auf Seite 40*

Auflösung zu Seite 37:
*Claus Schenk Graf von Stauffenberg*

# *Er wird als nichtehelicher Sohn...*

in einem elsässischen Bauerndorf geboren und später, als seine Mutter heiratet, von ihrem Ehemann an Kindes statt angenommen. Wie viele Elsässer, die eine reservierte Haltung zum Deutschen Reich einnehmen, vertritt auch sein Großvater eine franzosenfreundliche Haltung, die sich prägend auf seinen jungen Enkel auswirkt. So bekämpft dieser später den deutschen Nationalismus, aber auch den französischen Chauvinismus.

Da er bereits in der Dorfschule durch seine überragende Intelligenz auffällt, kommt er mit elf Jahren durch die Fürsprache des Ortsgeistlichen auf eine Höhere Bürgerschule, die er als Klassenbester mit der Mittleren Reife beendet. Danach absolviert er zunächst eine kaufmännische Ausbildung in einer Tapetenfabrik. Dank eines Stipendiums kann er anschließend zu einer Oberrealschule gehen, die er mit dem Abitur abschließt. Als Studienfächer wählt er danach Nationalökonomie und Geschichte, schreibt nebenher Zeitungsberichte, gibt Nachhilfeunterricht und engagiert sich parteipolitisch.

Der Ausbruch des Ersten Weltkrieges reißt ihn aus dem Studium. Er meldet sich – „weil wir unser Vaterland lieben", wie er später schreibt – als Kriegsfreiwilliger zum Kriegsdienst. Ein halbes Jahr später wird er zum Leutnant der Reserve befördert und erleidet im vierten Kriegsjahr eine Gasvergiftung, die ihm sein Leben lang schwer zu schaffen machen wird. Nach Kriegsende dient er zunächst bei den Grenzschutztruppen im Osten. Beim Kapp-Putsch stellt er sich mit seiner Einheit auf die Seite der Republik. Nur durch den Zusammenbruch des Putsches entgeht er einer drohenden Verurteilung zum Tode durch ein Standgericht. Aus Protest scheidet er aus der Reichswehr aus und setzt sein Studium fort, das er mit der Promotion abschließt.

Anschließend wird er Chefredakteur einer hansestädtischen Lokalzeitung. Wenig später lässt er sich in die städtische Bürgerschaft wählen und wird dort bald zum unbestrittenen Führer seiner Partei. In Wort und Schrift kämpft er gegen die extremistischen Parteien. Bald darauf gewinnt er ein Mandat zum Reichstag, in dem er sich vor allem mit der Wehrpolitik befasst. Sein Hauptziel gilt der Umgestaltung der Reichswehr in ein wirkliches Volksheer, das fest in die demokratische Ordnung eingefügt ist. Die praktische Parlamentsarbeit lässt ihn mehr und mehr von den marxistischen Theorien abrücken und sich dem Reformflügel seiner Partei nähern.

Unmittelbar nach der Machtergreifung der Nationalsozialisten verüben SA-Männer ein Attentat auf ihn, bei dem er schwer verletzt wird. Als bei diesem Anschlag sein Leibwächter einen SA-Mann ersticht, wird er unter Missachtung seiner Immunität als Mitglied des Reichstags zunächst verhaftet, auf Kaution freigelassen, aber schon vor der nächsten Reichstagssitzung von der SA in „Schutzhaft" genommen und in einem nachfolgenden Gerichtsverfahren als „geistiger Urheber" zu zwanzig Monaten Gefängnis verurteilt. Nach Verbüßung dieser Strafe kommt er für zwei Jahre ins KZ Esterwegen im Emsland und dann ins KZ Sachsenhausen. Trotz der barbarischen Behandlung in den Konzentrationslagern wächst seine Entschlossenheit, alles zum Sturz des nationalsozialistischen Unrechtsregimes zu versuchen. In dieser Zeit sind ihm die Treue seiner Frau und ihre unermüdlichen Bemühungen um seine Freilassung eine unersetzliche Stütze.

Nach seiner Entlassung wird er Teilhaber einer kleinen Kohlehandlung in Berlin. Durch diese Tätigkeit sichert er einerseits den Lebensunterhalt für seine Familie, andererseits dient ihm diese Beschäftigung als Tarnung für seine Widerstandsarbeit. Er nimmt wieder Kontakt zu alten Parteifreunden auf und erneuert frühere Verbindungen zu Offizieren der Wehrmacht. Seine Kohlenhandlung wird alsbald zu einer Schaltstelle der gefahrvollen und schwierigen Koordination unterschiedlicher ziviler und militärischer Widerstandsgruppen. Als Tatmensch drängt er zum Handeln. Ein Treffen mit kommunistischen Funktionären aus dem Untergrund, von denen er einige während seiner KZ-Zeit kennen gelernt hatte, wird von einem von der Gestapo eingeschleusten Spitzel verraten und führt noch vor dem gescheiterten Attentat vom 20. Juli 1944 zu seiner Verhaftung.

Nach endlosen Verhören und Folterungen, in denen er standhaft bleibt und keine Namen von Widerstandskämpfern preisgibt, wird er vom Volksgerichtshof unter dem Vorsitz Roland Freislers, der ihn „Lenin der deutschen Arbeiterbewegung" nennt, zum Tode verurteilt und knapp drei Monate später nach leidvoller Haft hingerichtet.

*Wer mag's sein?*

*Auflösung auf Seite 108*

Auflösung zu Seite 117:
*Louise Ebert*

## *Sie wird am Tag...*

des großen jüdischen Versöhnungsfestes, Jom Kippur, geboren. Im Kreis von sieben Geschwistern ist sie die Jüngste. Als sie anderthalb Jahre alt ist, stirbt ihr Vater. Ihre streng religiöse Mutter führt die Firma ihres Mannes, eine Holzgroßhandlung, erfolgreich weiter und ermöglichte allen Kindern eine solide Ausbildung. Ihre jüngste und Lieblingstochter drängt es mit kindlichem Ungestüm in die Schule. Sprachen und Literatur werden zu ihren Glanzfächern. In Mathematik und Naturwissenschaft tut sie sich dagegen schwer.

Doch inmitten der Schulzeit hat sie – immer zweitbeste der Klasse und noch keine fünfzehn Jahre alt – plötzlich keine Lust mehr, in die Schule zu gehen. Ihre Mutter schickt sie deshalb ins entfernte Hamburg zu einer älteren Schwester, wo sie im Haushalt mithelfen soll. Dort findet sie zwar wieder Lust am Lernen, doch zum Entsetzen ihrer Mutter gewöhnt sie sich „ganz bewusst und aus freien Stücken" das Beten ab und wird zur Atheistin.

Sie kehrt zu ihrer Mutter und auf die Schulbank zurück. Trotz ihrer Unfrömmigkeit begleitet sie aus kindlicher Pietät ihre geliebte Mutter zur Synagoge, sooft diese es wünscht. Aber dort erbaut sie sich mehr an der Andacht ihrer ganz in Gott versunkenen Mutter als an der gottesdienstlichen Feier.

Nach einem glänzenden Abitur nimmt ein Lehrerstudium auf und belegt als Hauptfächer Deutsch, Geschichte, Philosophie. Stets ist sie auf der unerbittlichen Suche nach der Wahrheit. In dieser Phase lässt sie sich von Menschen beeindrucken, die vom jüdischen zum christlichen Glauben gefunden haben. Gleichzeitig engagiert sie als Studentin für das politische Stimmrecht der Frauen. Später kämpft sie für Mädchenbildung im weitesten Sinn, denn sie lehnt es vehement ab, dass Frauen nur bestimmte Berufe erlernen und ausüben sollen. Ein weiteres ihrer politischen Ziele ist die Verständigung mit den europäischen Nachbarn, nicht zuletzt mit Frankreich. Nach ihrer Promotion mit Auszeichnung wird sie für zwei Jahre wissenschaftliche Assistentin ihres Doktorvaters. Da ihre akademischen Karriere vielversprechend begonnen hat, will sie sich – für ihre Zeit äußerst ungewöhnlich – habilitieren. Doch sie wird als Frau zur Habilitation nicht zugelassen.

Einen Wendepunkt in ihrem Leben bildet die Lektüre der Autobiografie der heiligen Teresa von Ávila, die die Wahrheit in Person, das liebende Du Gottes, erfahren durfte. Diese Lebensbeschreibung bringt sie zum Entschluss, zum Katholizismus zu konvertieren. Zu ihrer Taufzeugin wählt sie mit Erlaubnis ihres katholischen Bischofs eine evangelische Freundin. Anschließend wird sie Lehrerin an einer Mädchenschule der Dominikanerinnen.

Einige Jahre später nimmt sie intensiven Kontakt zu einem Benediktinerkloster auf, dessen Erzabt sie zunächst davon abhält, in den Karmel, den Orden der unbeschuhten Karmelitinnen, einzutreten. Sie folgt stattdessen seiner Empfehlung, mehr in der Öffentlichkeit zu wirken. So wechselt sie zu einem katholischen Institut für wissenschaftliche Pädagogik in Westfalen, wo sie sich u.a. mit Thomas von Aquin beschäftigt. Doch diese vielversprechende Dozententätigkeit muss sie bereits ein Jahr später wegen der Machtergreifung der Nationalsozialisten aufgeben. Schon 1930 hat sie eine Juden- und anschließende Kirchenverfolgung vorausgesagt.

Mit zweiundvierzig Jahren tritt sie schließlich in den Kölner Karmel ein. Dass sie gerade diesen Orden wählt, begründet sie damit, in ihm jüdischen und christlichen Glauben eng miteinander verknüpft zu finden. Um ihren Kölner Heimatkonvent nicht in Gefahr zu bringen, wechselt sie nach dem Novemberpogrom 1938 in den niederländischen Karmel von Echt, wohin nach Kriegsbeginn auch ihre Schwester kommt. Als die Deutschen 1940 die Niederlande besetzten, holt sie die Gefahr, der sie in Köln entkommen schien, wieder ein. Nur noch zwei Jahre lang kann sie wissenschaftliche Arbeiten betreiben, bis zwei SSOffiziere im Karmel erscheinen, die ihr befehlen, binnen fünf Minuten mitzukommen. Widerstand ist unmöglich. Beim Verlassen des Klosters beweist sie trotz ihrer Konversion zum Katholizismus ihre Zugehörigkeit zum jüdischen Volk mit den Worten an ihre Schwester „Komm, wir gehen für unser Volk!"

Nach kurzem Zwischenaufenthalt im Konzentrationslager Westerbork wird sie nach Auschwitz deportiert, wo sie wenig später als katholische Märtyrerin jüdischer Abstammung in die Gaskammern geführt und umgebracht wird.

*Wer mag's sein?*

*Auflösung auf Seite 48*

Auflösung zu Seite 149:
*Ludwig Windthorst*

# Er wird in einer kleinen Ackerbürgerstadt...

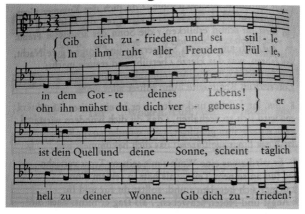

Gib dich zu-frieden und sei stil-le
In ihm ruht aller Freuden Fül-le,

in dem Got-te deines Lebens!
ohn ihn mühst du dich ver - gebens; } er

ist dein Quell und deine Sonne, scheint täglich

hell zu deiner Wonne. Gib dich zu - frieden!

als zweites von vier Kindern in eine Gastwirtsfamilie geboren. Er besucht die Stadtschule, in der er Grundkenntnisse in der lateinischen Sprache und im Chorgesang erwirbt. Als er zwölf Jahre ist, stirbt sein Vater und bereits zwei Jahre später seine Mutter.

Glücklicherweise reicht das Familienvermögen zum Besuch einer Fürstenschule. Sie wird für fünf Jahre das Zuhause des elternlosen Zöglings. In dieser klösterlichen Elitebildungsanstalt, in der ein straff organisierter Tagesablauf herrscht, vervollkommnet er nicht nur seine Sprach- und Literaturkenntnisse, sondern bekommt auch ein religiöses Grundwissen vermittelt. Er zeichnet sich durch Fleiß und Gehorsam aus, und man bescheinigte ihm das Talent, sich den geforderten Aufgaben zu stellen.

Nur wenige Tage nach seiner erfolgreichen Abschlussprüfung verlässt er die Fürstenschule, um das Studium der Theologie aufzunehmen. Gleichzeitig wird er in die philosophische Fakultät aufgenommen, wo er Vorlesungen über die Dichtkunst in deutscher Sprache hört. Sie inspirieren ihn für seine eigenen späteren Dichtungen, in denen der sprachliche Intuition mit inhaltlichem Tiefgang verbindet.

Von einem seiner Professoren lernt er, dass sich lutherische Rechtgläubigkeit und poetisch geformte Frömmigkeit keineswegs ausschließen. Zudem beflügeln die sächsische Kurfürstenbibel mit ihren vielen Predigtbeispielen sowie die persönliche Aneignung von Wort und Wahrheit der Bibel in Formen barocker Poesie und Rhetorik sein eigenes Dichten.

Sein langjähriges Studium zehrt an seinem Erbe, und so zwingen ihn Geldsorgen, eine Anstellung als Hauslehrer beim Stadtkirchenpfarrer anzunehmen und in dessen Haus einzuziehen. In dieser Zeit verfasst er sein erstes Gelegenheitsgedicht. Nach fünfzehnjährigem Studium geht er als „S.S. Theol. Studiosus" – also offenbar ohne Abschlussexamen – nach Berlin, um als Sekretär eines Kammergerichtsadvokaten Dienst zu tun und gleichzeitig dessen Enkelkinder zu unterrichten.

Er verfasst weitere Liedtexte und leistet pastorale Hilfsdienste an der Berliner Nikolaikirche, aus der sich zwischen ihm und dem Kantor eine langjährige freundschaftliche Zusammenarbeit entwickelt. Da er sich in der Kirchengemeinde durch Fleiß und Gelehrsamkeit als lutherischer Theologe ein untadeliges Zeugnis erwirbt und beliebt ist, wird er auf eine frei gewordene Pfarrstelle in Mittenwald empfohlen und berufen. Vorher muss er allerdings vor dem Berliner Kirchenamt die theologischen Prüfung ablegen sowie auf die Confessio Augustana verpflichtet und ordiniert werden.

An seiner neuen bayrischen Wirkungsstätte pflegt er neben seiner pfarramtlichen Tätigkeit die Liedkunst weiter und heiratet im Alter von zweiundvierzig Jahren. Seine erstgeborene Tochter stirbt, bevor sie ein Jahr alt ist. Vier weitere Kinder werden geboren, von denen allerdings nur ein Sohn das Erwachsenenalter erreichen wird.

Die Beziehungen zur Berliner Gemeinde erhält er aufrecht, und so bekommt er nach sechs Jahren Dienst in Mittenwald den Ruf als Diakon zurück an die ihm wohl bekannte St. Nikolaikirche. In der kurbrandenburgischen Residenzstadt muss er freilich erleben, dass sich das Klima zwischen Lutheranern und Reformierten zunehmend verschlechtert. So beteiligt er sich am Protest und Widerstand des lutherischen Lagers gegen die Begünstigung reformierter Bewerber bei Stellenbesetzungen in Kirche und Verwaltung.

Als er sich schriftlich zur Einhaltung des vom Kurfürsten erlassenen Toleranzedikts verpflichten soll, verweigert er seine Unterschrift und wird daraufhin als Pfarrer entlassen. Die Berliner Bürger und Gewerke sind mit seiner Amtsenthebung nicht einverstanden und fordern in einer Vielzahl von Eingaben seine Wiedereinsetzung, die ihm der Landesherr schließlich bewilligt. Doch aus Glaubens- und Gewissensgründen verzichtet er auf sein Amt, da er den Toleranzedikten „ohne Verletzung seines ‚armen' Gewißens nicht genüge thun" könne.

In Kursachsen findet er eine neue Pfarrstelle, wo er seine geistlich-seelsorgerische Arbeit fortsetzt und seine letzten Lebensjahre in bescheidenen Verhältnissen verbringt. Nach seinem Ableben im Alter von siebzig Jahren wird er im Chorraum nahe dem Altar seiner letzten Wirkungsstätte beigesetzt.

*Wer mag's sein?*

*Auflösung auf Seite 160*

Auflösung zu Seite 81:
*Mahatma Ghandi*

# *Sie wird als älteste Tochter...*

in eine Müllerfamilie geboren. Nach einem schweren Unfall, der ihn halb erblinden lässt, verdingt sich der Vater als Tagelöhner. Die Mutter arbeitet als Wäscherin. Die Familie – nunmehr in wirtschaftlichen Schwierigkeiten – muss die Mühle verlassen und in ein leerstehendes und heruntergekommenes Haus umziehen, das vordem Gefängnis war.

Die älteste Tochter leidet seit frühester Kindheit an Atembeschwerden und bleibt insgesamt in ihrer körperlichen Entwicklung stark zurück. Aber auch des Lesens und Schreibens ist sie unkundig. Als sie vierzehn Jahre alt ist, erhält sie von ihrer Mutter den Auftrag, gemeinsam mit einer jüngeren Schwester und einem Mädchen aus der Nachbarschaft Holz zu sammeln; denn die armen Eltern können es sich nicht leisten, teuren Brennstoff zu kaufen.

Beim Holzsammeln vernimmt sie plötzlich in der Nähe einer Grotte ein Rauschen wie von einem Sturm. Dann erblickt sie in einer Nische der Grotte eine weiß gekleidete weibliche Gestalt mit einem blauen Gürtel und rosenbesetzten Schuhen, die einen Rosenkranz trägt.

Diese Erscheinung überwältigt sie so sehr, dass es ihr kaum gelingt, niederzuknien und ein Gebet zu sprechen.

Als sie ihrer Mutter von dem Erlebnis erzählt, wird ihr der weitere Besuch in der Grotte verboten. Trotzdem sucht sie bald wieder die Grotte auf, wo ihr erneut die weiß gekleidete Dame erscheint, die sie beim dritten Mal um weitere fünfzehn Treffen bittet. Bei diesen fällt sie – mit dem Rosenkranz in der Hand – in Trance, und es verbreitet sich das Gerücht, einem unschuldigen Hirtenkind sei die Muttergottes erschienen.

Als die Vierzehnjährige ihrem Ortspfarrer von „jener dort" berichtet; hält dieser sie für verrückt. Doch die Visionen wiederholen sich bei weiteren Grottenbesuchen, und sie gerät – anfangs spontan, dann immer häufiger – in einen ekstatischen Ausnahmezustand. Dabei lässt sie die sie begleitenden Menschen über ihr Mienenspiel und ihre Gebärden, über das stumme Theater ihres Zwiegesprächs mit der Erscheinung an ihrer Erfahrung teilhaben und berichtet anschließend mit knappen Worten darüber.

Während ihrer neunten Vision beginnt sie, den feuchten Boden der Grotte aufzuwühlen und das hervortretende Wasser zu trinken. Zusätzlich reißt sie Gras aus und isst es. Dieses Verhalten stößt viele ihrer frommen Begleiter ab. Einige hindert es jedoch nicht, das Austrittsloch der Quelle zu vergrößern und ebenfalls von dem Wasser zu trinken.

Die Visionen und Prozessionen entwickeln eine eigene Dynamik. Am Tage der fünfzehnten Vision sind es über siebentausend Menschen, die sich betend und staunend, ergriffen um den Ort des Geschehens drängen und dem Schauspiel des in Verzückung geratenen Mädchens beiwohnen. Ungeklärt bleibt zunächst die Identität der weißen Dame, die sie schließlich der jungen Seherin mit den Worten „Ich bin die unbefleckte Empfängnis" preisgibt.

Diese überraschende Mitteilung werten Obrigkeit und Klerus, die sich anfangs abwartend bis distanziert verhalten haben, als untrügliches Zeichen der Wahrhaftigkeit des Mädchens. So erlangt sie allmählich jene soziale Anerkennung, die man ihr zunächst vorenthalten hat. Aus dem missachteten Mädchen wird eine hochgeehrte Fürsprecherin der Menschen bei Gott. Sie muss es sich allerdings ein Leben lang gefallen lassen, dass man sie immer wieder berühren und fotografieren will.

Nach ihren Visionen tritt sie zunächst in ein Hospiz ein, in dem sie ein wenig Schulbildung erhält. Doch vor zudringlichen Besuchern schützt sie das Hospiz nicht. „Sie zeigen mich vor wie einen fetten Ochsen. Sie stellen mich zur Schau wie ein exotisches Tier", klagt sie bitter. Im Alter von zwanzig Jahren geht sie in ein Kloster und widmet sich der Krankenpflege. Damit erhält sie die Möglichkeit einer materiell sorgenfreien, wenn auch bescheidenen Existenz und wird vor einem Leben als Büglerin oder Näherin bewahrt.

Den Ort ihrer Visionen sieht sie nicht mehr wieder. Ihre letzten Jahre sind traurig, gezeichnet von einem qualvollen Siechtum. Sie leidet an allerlei Allergien, an Asthma und schließlich an Tuberkulose. Dreimal erhält sie die Letzte Ölung. Sie stirbt im Alter von nur fünfunddreißig Jahren. Ihr Leichnam wird später exhumiert und, scheinbar unversehrt, in einer Vitrine ihres Klosters ausgestellt.

*Wer mag's sein?*

*Auflösung auf Seite 28*

Auflösung zu Seite 5:
*Marie Antoinette*

# *Er wird an Schillers Geburtstag...*

geboren. In seinem in Rheinnähe gelegenen Elternhaus geht es ärmlich zu. Im Alter von drei Jahren erkrankt er an Masern, erblindet und kann neun Monate lang nichts sehen. Dann kehrt das Augenlicht zwar zurück, doch er bleibt dauerhaft sehgeschädigt. Als er sieben ist, stirbt sein Vater an Tuberkulose. Seine Mutter heiratet bald wieder. Doch von seinem Stiefvater, einem recht rauen Gesellen, erhält er wenig Anregung und Fürsprache.

Als Neunjähriger kommt er zur Elementarschule, dann auf Empfehlung seines Lehrers als hochbegabter Junge aufs Gymnasium. Er liebt das Lesen und das Lernen, er erfasst die Dinge rasch und kann sich gut ausdrükken. Die Freude dauert freilich nicht lange, denn seine Eltern können die Schule bald nicht mehr bezahlen, und so endet seine erfolgreiche Gymnasialkarriere abrupt. Unter diesem traurigen Ende seiner Schulzeit wird er sein Leben lang leiden. So wird er als Vierzehnjähriger in die Lehre geschickt. Nach zwei gescheiterten Versuchen probiert er es bei einem Gelbgießer –

einem auf die Verarbeitung von Messing spezialisierten Metallberuf. Obwohl ihm diese Arbeit zuwider ist, quält er sich durch die Lehrjahre. Danach geht er auf die üblichen Wanderjahre. Während dieser Zeit beginnt er, ein Reisetagebuch zu führen.

Schließlich heuert er bei einem Laternenfabrikanten an und reist für diesen als Handlungsgehilfe durch Deutschland. Als es ihn beruflich nach Berlin führt, erfüllen sich für ihn seine Jugendträume, denn das geistige Leben dort fasziniert ihn. Er geht ins Theater, besucht Museen und hört Vorlesungen an der Universität. Er schreibt Gedichte , von denen sogar einige gedruckt werden. Als sein Arbeitergeber Pleite geht, endet für ihn die Laufbahn als Öllaternen-Kaufmann.

Zu Fuß kehrt er in seine Heimatstadt zurück, wo er eine neue berufliche Anstellung als Theaterdiener am Stadttheater findet. Er muss zwar die Launen der Mimen und Diven ertragen, aber die Welt voller Kunst und Literatur fasziniert ihn. Zudem locken ihn – den lebensfrohen, charmanten und herzlichen jungen Mann – die reizenden Schauspielerinnen, Sängerinnen und Tänzerinnen.

Als sein Theaterdirektor nach Leipzig ans dortige Stadttheater wechselt, geht er mit. Er steigt auf, wird Theatersekretär, Bibliothekar und Kassenassistent. In der Bachstadt inspirieren ihn die lebendige und intellektuelle Atmosphäre, die Messen, die Verlage, die Schriftsteller und die Universität. Als Autodidakt schreibt er weiter Gedichte, Schauspiele und sogar ein Opernlibretto. Seine Literatur ist die eines schreibenden Politikers, der noch nicht seine Bühne gefunden hat. Das öffentliche Interesse an seinen Werken tendiert gegen null. Erst ein Theaterlexikon, das er gemeinsam mit zwei Leipziger Autoren verfasst und editiert, wird mit seinen sieben Bänden zu einem anerkannten Standardwerk.

Nach einer ersten kurzen Ehe – seine Frau stirbt wenige Wochen nach der Hochzeit an einer Fehlgeburt – findet er Trost bei der Schwester eines Freundes, einer gebildeten und attraktiven Frau. Zwei Jahre später geben sie sich das Jawort.

Als er statt Dramen politische Artikel schreibt, wird er von den führenden Vertretern der Demokraten und Liberalen im Deutschen Bund zu Strategiegesprächen in den Rheingau eingeladen. Daheim in Sachsen organisiert er jährlich ein Fest zu Ehren Friedrich Schillers. Seine öffentlichen Auftritte, seine Reden begeistern. Die politische Botschaft darin wird von den Bürgern vernommen. Die Leipziger Burschenschaft ernennt ihn zum Ehrenmitglied.

Er engagiert sich bei den „Deutsch-Katholiken", deren erstes deutsch-katholische Konzil in Leipzig unter seiner Führung stattfindet. Bei den Kommunalwahlen im selben Jahr erhält er die höchste Stimmenzahl und wird Stadtverordneter. Als der revolutionäre Funke von Frankreich nach Deutschland überspringt, organisiert er die Demokraten in Leipzig. Er hofft auf ein freies, geeintes Vaterland, eine Republik vielleicht in einem neuen Europa der Völker. Er wird ins Vorparlament und die Nationalversammlung gewählt. Er wird Fraktionsführer, erlebt Redetriumphe und zugleich Abstimmungsniederlagen.

Als es in Wien zu einer zweiten Revolutionswelle kommt, hofft er, an der Donau werde die Entscheidung für ganz Deutschland fallen. So beteiligt er sich an der Verteidigung Wiens gegen die kaiserlichen Truppen. Als diese die Stadt besetzen, wird er verhaftet und von einem Standgericht zum Tode durch den Strang verurteilt, später zum Tod durch Pulver und Blei „begnadigt".

*Wer mag's sein?*

*Auflösung auf Seite 180*

Auflösung zu Seite 193:
*Marie Curie*

## *Sie wird als zweites Kind…*

eines Pfarrhofpächters geboren. Ihre Kindheit, die sie gemeinsam mit einem älteren Bruder und zwei jüngeren Schwestern verlebt, empfindet sie trotz eines autoritären Erziehungsstils als eine freie und glückliche Zeit, geprägt von Geborgenheit. Von tiefgreifendem Einfluss ist auch der sparsame Lebensstil in der Familie, der es nicht zulässt, essbare Speisereste und altes Brot wegzuschmeißen.

Mit sechs Jahren wird sie eingeschult. Sie ist ein lebhaftes Kind, das eine sinnliche Freude am Hangeln und Klettern in den Bäumen entwickelt. Bis ins hohe Alter setzt sie diese Art körperlicher Betätigung fort. Als Kind einfacher Leute ist für sie die Schulzeit eigentlich nach drei Jahren vorbei, denn nur reiche Bürgerkinder besuchen eine weiterführende Schule, für die man Schulgeld bezahlen muss. Doch ihre Eltern haben eine positive Einstellung zur Schulbildung und schicken sie weiter zur Schule. Sie erweist sich in den folgenden sechs Jahren als fleißige und begabte

Schülerin, die vor allem die Sprachen Englisch, Französisch und Deutsch gut lernt. Mit sechzehn schließt sie die Schule mit dem Realexamen ab und betätigt sich nach dem Wunsch ihrer Mutter als Haustochter. So lernt sie, wie man einen Haushalt führt.

Als ihr ein Jahr später der Chefredakteur der Lokalzeitung eine Stelle als Volontärin bei seiner Zeitung anbietet, nimmt sie das Angebot an. Täglich radelt sie nun in die nahegelegene Kleinstadt, um das Journalistenhandwerk von Grund auf zu lernen. Mit achtzehn Jahren wird sie schwanger, doch sie lehnt es ab, den Vater ihres Kindes zu heiraten. Obwohl ihre Eltern erschüttert sind, machen sie ihr keine Vorhaltungen. Sie selbst ist fest entschlossen, allein für sich und ihr Kind zu sorgen.

Deshalb zieht sie fort in die Großstadt und lässt sich dort zur Sekretärin ausbilden. Sie findet Unterstützung bei einer Anwältin, die sich für die Rechte junger Frauen einsetzt. In einer Klinik im benachbarten Ausland, die keine offiziellen Meldungen über Geburten weitergibt, bringt sie heimlich ihren Sohn zur Welt, den sie zunächst in einer Pflegefamilie unterbringt. Es folgt eine Zeit voller Mühe und Entbehrungen sowie ewiger Sehnsucht nach ihrem Sohn, der weit weg ist. Ihr karges Dasein als Kontoristin wird durch Esspakete ihrer Familie aufgehellt.

Als die Pflegemutter ihres Sohnes krank wird, nehmen ihn ihre Eltern in ihre Obhut. Bald darauf heiratet sie und nimmt ihr Kind zu sich. Wenige Jahre später wird eine Tochter geboren. Eher durch Zufall wendet sie sich der Schriftstellerei zu. Als sie sich bei Glatteis den Fuß verstaucht und das Bett hüten muss, verfasst sie eine Geschichte, die sie ihrer Tochter zum zehnten Geburtstag schenkt.

Als sie das Manuskript bei einem Verlag einreicht, wird es abgelehnt. Doch mit einer weiteren Erzählung, in der die Hauptperson sich durch Selbstständigkeit und Unabhängigkeit – auch und gerade gegenüber dem anderen Geschlecht – auszeichnet, belegt sie bei einem Wettbewerb eines anderen Verlages den zweiten Platz. Das ermutigt sie.

Im nachfolgenden Jahr reicht sie beim selben Verlag ihr Erstmanuskript für den Wettbewerb ein und erhält diesmal sogar den ersten Preis. Gleichzeitig wird sie als Lektorin eingestellt. Sie baut die Kinderbuchabteilung auf und arbeitet in diesem Verlag bis zu ihrer Pensionierung. Ihre Schriftstellerei, die insbesondere junge Leser und Leserinnen anspricht, setzt sie fort. Sie schreibt ihre Manuskripte – zunächst im Stenogramm – im Bett oder im Sommer auf dem Balkon ihres Ferienhauses. Einzelne Sätze ändert sie so lange, bis sie schließlich mit der Sprachmelodie zufrieden ist.

Doch sie verfasst nicht nur Bücher, sondern sie engagiert sich auch immer wieder aktiv für Menschenrechte, insbesondere für die Rechte der Kinder. Sie wünscht sich eine gerechte Gesellschaft und unterstützt die Menschen, die für Gerechtigkeit kämpfen. Im Alter von achtundfünfzig Jahren erhält sie den Staatspreis für Literatur ihres Landes. Als ihr der Friedenspreis des Deutschen Buchhandels verliehen wird, fordert sie in ihrer Dankesrede eindringlich dazu auf, Kinder gewaltfrei zu erziehen.

In ihrem zehnten Lebensjahrzehnt stirbt sie an den Folgen einer Virusinfektion. An den Beisetzungsfeierlichkeiten nehmen Tausende teil. Hinter ihrem Sarg, der auf einem Katafalk liegt, gehen ein Mädchen und ein weißes Pferd.

*Wer mag's sein?*

*Auflösung auf Seite 24*

Auflösung zu Seite 57:
*Marion Gräfin Dönhoff*

## In eine katholische Juristenfamilie...

Kulturkampf

oder

Friede in Staat und Kirche.

Von

Peter Reichensperger,
Mitglied des Reichstags.

wird er als einziger Sohn und zweites Kind von sechs Geschwistern geboren. Das zarte und missgestaltete Kleinkind lässt seine Eltern um sein Leben fürchten. Doch er gedeiht und ist trotz des grotesken Missverhältnisses zwischen seinem großen Kopf und seinem nur eineinhalb Meter langen Körper, der sich nie richtig auswächst, sein Leben lang mit einem heiteren Gemüt und ungeheurer Energie gesegnet.

Als einziger Junge besucht er zunächst die Mädchenschule im Dorf, bis er gegen diese Sonderstellung rebelliert und von seinen Eltern auf die nächst gelegene Volksschule für Knaben geschickt wird. Im Alter von zehn Jahren wird er durch den Tod seines Vaters Halbwaise. Dank der Vermittlung eines Großonkels, der Pfarrer der Domgemeinde in der benachbarten Bischofsstadt ist, kommt er auf das angesehene dortige katholische Gymnasium. Trotz anfänglicher Schwierigkeiten, die sich nicht zuletzt in seiner kämpferischen bis trotzigen Haltung begründen, entwickelt er immer mehr Fleiß und Ehrgeiz und schließt die

Schule als Bester seines Jahrgangs ab. In seinem Abituraufsatz schreibt er, „ernsthafter Fleiß würde durch Glück auf Erden und durch Seligkeit danach belohnt."

Nach dem Abitur studiert er Rechtswissenschaften. Als Student tritt er nicht, wie in seiner Zeit üblich, einer Landsmannschaft oder einem Korps bei. Er widmet sich dem Tanzvergnügen, sein Alkoholgenuss hält sich in Grenzen und seine Sorge vor Schulden ist groß. Er entwickelt einen starken asketischen Zug, den er sein ganzes Leben beibehält.

Er bekommt zum ersten Mal Kontakt mit Protestanten und sammelt erste Erfahrungen mit liberaler protestantischer Gelehrsamkeit, die zu bekämpfen er in seinem späteren Leben viel Kraft aufbringen wird. Er vermisst unter der Professorenschaft bedeutende katholische Gelehrte und erkennt, dass politische Gleichberechtigung seinen Mitgläubigen nichts nützt, wenn ihnen das kulturelle Selbstvertrauen fehlt. Seine zeitweilige Nähe zum Liberalismus wird er später weniger als Programm als vielmehr als ein Stadium des Heranwachsens definieren.

Nach seinem ersten juristischen Examen kehrt er in seine Heimat zurück und tritt eine zweijährige Lehrzeit als Assessor in einer Rechtsanwaltkanzlei an. Wegen der schlechten Bezahlung ist er auf die finanzielle Unterstützung von Seiten eines Freundes angewiesen, in dessen Schwester, sechs Jahre älter als er, er sich leidenschaftlich verliebt. Aber sie erwidert seine Gefühle nicht und weist ihn zunächst ab. Doch schließlich hat sein beharrliches Werben Erfolg. Vier Jahre später wird geheiratet.

Seine Anwaltsexamen besteht er mit Auszeichnung und eröffnet danach eine Kanzlei, die bald zu den bedeutendsten am Ort gehört. Revolutionäre Umwälzungen im Staat geben ihm, einem jungen Mann bürgerlicher Herkunft, wenige Jahre später die Chance, zum Richter am höchsten Gericht seines Landes ernannt zu werden, wobei ihm seine engen Kontakte zum katholischen Klerus helfen. Gleichzeitig wendet er sich der Politik zu, und er wird in den protestantisch geprägten Landtag gewählt. Sein politisches Ansehen, das er schnell erringt, resultiert in erster Linie aus seinem Katholizismus. Er wird Präsident des Landtags und bald darauf Justizminister. Dabei erweist er sich als tüchtiger und erfindungsreicher Beamter, aber auch als kluger Politiker.

Sein Hauptziel ist es, soviel wie möglich vom sozialen und politischen Status quo zu bewahren, indem er vernünftige und präventive Konzessionen an die Modernität macht. Doch seine politischen Gegner, die ihm eine katholisch-ultramontane, liberale und demokratische Haltung vorwerfen, erzwingen seine Entlassung als Landesminister. Als sein Land von Preußen annektiert wird, lässt es sich in den Reichstag des Norddeutschen Bundes, später des Deutschen Reiches wählen. Schnell entwickelt er sich zur führenden Persönlichkeit einer oppositionellen Bewegung und zur großen Identifikationsfigur seiner Partei. Bemühungen von Seiten der Regierung, seine Wiederwahlen zu erschweren oder zu verhindern, schlagen fehl. Seine Wähler stehen hinter ihm. Vehement setzt er sich für eine religiöse Grundlage des Schulwesens sowie für eine Gleichberechtigung aller Minderheiten ein.

Fast achtzigjährig bekommt er eine Lungenentzündung. Auf eigenen Wunsch erhält er die Sterbesakramente aus den Händen eines Jesuiten, eine letzte politische Aktion. Mit den Worten „Vater, in Deine Hände befehle ich meinen Geist" verstirbt er.

*Wer mag's sein?*

*Auflösung auf Seite 132*

Auflösung zu Seite 105:
*Matthias Erzberger*

## *Er wird in einer Blockhütte...*

als zweites Kind und ältester von zwei Söhnen einer
Farmerfamilie geboren. Sein Vater, ein frommer Baptist, lehnt die Sklaverei ab. Seine Mutter stirbt, als er
neun ist. Als sein Vater erneut heiratet, entwickelt er
zu seiner Stiefmutter eine warmherzige Beziehung,
die zeitlebens anhält. Sie besorgt ihm auch ein paar
Bücher, um ihm etwas Bildung zu vermitteln.
Bis zu seinem neunzehnten Lebensjahr hilft er seinem Vater bei der Farmarbeit und lernt so das harte
Leben der Pioniere an der Siedlungsgrenze zur Wildnis kennen. Danach verlässt er sein Elternhaus und
zieht in ein Präriestädtchen. Obwohl er bis zu dieser
Zeit keine Gelegenheit hatte, die Schule länger als
ein Jahr zu besuchen, hat er dennoch soweit lesen,
schreiben und rechnen gelernt, um als Kaufmann,
Landvermesser und Posthalter arbeiten zu können.
Im Laufe der Jahre eignet er sich als Autodidakt eine
umfassende Bildung an.
Als er im Alter von dreiundzwanzig Jahren als Freiwilliger an einem Kriegszug gegen Indianer teilnimmt,
wählen ihn seine Kameraden zum Hauptmann. Diese
Auszeichnung und sein Talent zum guten Redner ermutigen ihn, sich um einen Sitz im Landesparlament
zu bewerben. Obwohl er beim ersten Versuch schei-

tert, erringt er zwei Jahre später ein Mandat, das er über vier Legislaturperioden behält. Schnell erwirbt er sich im Parlament so viel Vertrauen, dass er bald zum Oppositionsführer gewählt wird. Wie sein Vater lehnt er die Sklaverei ab und begründet dies in einer Parlamentsdebatte mit den Worten, „...dass die Einrichtung der Sklaverei auf Ungerechtigkeit und schlechte Politik zurückzuführen ist."

Neben seiner politischen Tätigkeit absolviert er ein diszipliniertes Selbststudium der Rechtswissenschaft, das er mit der Zulassung zur Anwaltskammer erfolgreich abschließt. Doch auch als Anwalt lebt er noch lange in äußerst bescheidenen Verhältnissen. Im Alter von vierunddreißig Jahren verliebt er sich in die Tochter reicher Pflanzer und Sklavenhalter. Da seine künftigen Schwiegereltern mit seiner bescheidenen Herkunft nicht einverstanden sind, lässt sich das junge Paar im Haus der Schwester der Braut trauen.

Noch im selben Jahr scheidet er aus dem Landesparlament aus, um sich intensiver seiner Anwaltstätigkeit zu widmen, die ihm allmählich bescheidenen Wohlstand beschert. Doch schon vier Jahre später lässt er sich ins Bundesparlament wählen, wo er zu den Hinterbänklern zählt. Da er in der Bundeshauptstadt ohne Familie lebt, reizt ihn dort eine politische Karriere nur wenig. Nach nur drei Jahren verzichtet er auf seinen Parlamentssitz, kehrt er zu seiner Familie und in seine Anwaltskanzlei zurück. Moralisch verabscheut er weiterhin die Sklaverei, ohne ein bedingungsloser Gegner zu sein. So duldet er sie in den Teilen des Landes, in denen sie schon seit Jahrzehnten besteht. In ihrer territorialen Ausdehnung sieht er jedoch einen Verstoß gegen die Verfassung. Als dieses Prinzip von Anhängern der Sklaverei in Frage gestellt zu werden droht, beschließt er, in die Bundespolitik zurückzukehren. Obwohl er sich zweimal erfolglos um einen Sitz in der Zweiten Kammer bewirbt, gewinnt er mit seinen rhetorischen Fähigkeiten und seiner kritischen Haltung zur Sklaverei bundesweite Beachtung.

Als die Wahl zum höchsten Staatsamt ansteht, geht er auf Vortragsreisen durchs Land, um sich der Bevölkerung und seinen Parteifreunden vorzustellen und für seine gemäßigte politische Linie zu werben. Er überzeugt die Mehrheit in seiner Partei und wird für die Wahl zum Staats- und Regierungschef nominiert. Als stärkster Einzelkandidat setzt er sich gegenüber seinen Mitbewerbern durch.

Noch bevor er sein Amt antritt, wird die gesellschaftliche und politische Zerrissenheit in seinem Land offenbar, die in einen gewaltsamen Konflikt mündet. Da sich alle seine Hoffnungen auf eine Verhandlungslösung zerschlagen, wird es zu seiner vorrangigen Aufgabe, die Spaltung der Nation zu verhindern, den Frieden wiederherzustellen und die Ursache des Konflikts ein für allemal zu beseitigen. Doch die Kämpfe ziehen sich hin und überschatten seine Wahl für eine weitere Amtszeit, die er überraschend mit einer großen Mehrheit gewinnt. Anlässlich seiner zweiten Vereidigung verspricht er „Groll gegen niemanden" und „Nächstenliebe gegen alle". Wenige Wochen später wird er zu Karfreitag von einem politischen Fanatiker angeschossen und erliegt am nächsten Tag seinen schweren Kopfverletzungen.

*Wer mag's sein?*

*Auflösung auf Seite 4*

Auflösung zu Seite 61:
*Pablo Picasso*

# *Das neue Jahrhundert ist noch...*

keine sechs Monate alt, da wird er als drittes von insgesamt fünf Kindern und als erster Sohn in eine Grafen-
familie geboren. Schon im Alter von vier Jahren verliert
er seinen Vater und wird fortan allein von seiner Mutter erzogen. Einen großen Teil seiner Kindheit verbringt
er auf Gütern der Familie.
Zehn Jahre lang besucht er unterschiedliche, stets
konfessionelle Schulen. Bereits in dieser Zeit zeigt
sich seine Liebe zum Schreiben. Für ein Märchen
bekommt er einen Schulpreis. Nach seinem Abitur
bewirbt er sich um Aufnahme in die Marineschule,
scheitert jedoch in der mündlichen Prüfung. Ein weiterer Schlag ist der Tod seines Bruders, dessen Verlust ihm schwer zu schaffen macht. Nach einem knapp
einjährigen Architekturstudium, das er als
Verlegenheitslösung aufnimmt, leistet er seinen Wehr-
dienst bei der Luftwaffe und wird zum Flugzeugme-
chaniker und schließlich auch zum Piloten ausgebil-

det. Das letzte Jahr seiner Pilotenausbildung wird für ihn zu einem Jahr der Schicksalsschläge. Einen Flugzeugabsturz überlebt er schwer verletzt. Aus Rücksicht auf seine Verlobte und deren Familie gibt er seinen großen Wunsch, Militärpilot zu werden, auf und nimmt einen Bürojob an. Dennoch löst seine Verlobte die Verbindung, und er nimmt eine Stellung als Vertreter für eine Automobilfabrik an.

Zwei Jahre später erhält er eine Lizenz für Transportflüge. Nunmehr verdient er seinen Lebensunterhalt als Postflieger und zeitweilig als Chef eines einsamen Zwischenlandeflugplatzes am Rande der Wüste. Während dieser Zeit wird er in Konflikte der Beduinen verwickelt und muss mehrfach in der Wüste notgelandete Kollegen retten. Da er die meiste Zeit mit Warten auf das jeweils nächste Flugzeug verbringen muss, widmet er sich nebenbei dem Schreiben.

Nachdem er eine Fortbildung in Navigation bei den Marinefliegern absolviert hat, wird er Versuchspilot für Wasserflugzeuge. Bei einem der Testflüge erleidet er erneut einen Unfall, bei dem er fast ertrinkt. In den nachfolgenden Jahren führt er ein gemischtes Leben als Flieger, Werbebeauftragter, Journalist und Autor. Bei dem Versuch, den Streckenrekord Paris – Saigon zu brechen, stürzt er mitten in der libyschen Wüste abermals ab. Ein Beduine rettet ihn und seinen Bordmechaniker vor dem Tod durch Verdursten.

Danach kehrt er der Fliegerei für eine Weile den Rücken und verdingt sich stattdessen als Journalist. Er schreibt Reportagen über den Spanischen Bürgerkrieg, den er von der republikanischen Seite her schildert. Aber die Fliegerei bleibt seine Leidenschaft und er startet zu einem Langstreckenflug von New York nach Feuerland, auf dem er erneut abstürzt und schwer verletzt wird. Die Zeit seiner Genesung nutzt er, einen Sammelband zusammenzustellen, dessen Texte vor allem der Kameradschaft unter Männern, der Pflichterfüllung, dem Idealismus sowie der Solidarität und Menschlichkeit gewidmet sind. Das fliegerische Aben-

teuer ist für ihn nicht Selbstzweck, sondern Ausgangs-
punkt für eine humanistisch geprägte neue Weltsicht.
Als der Zweite Weltkrieg ausbricht, will er trotz seiner
vielen früheren Verwundungen nicht abseits bleiben.
„Der Beruf des Zuschauers war mir immer grässlich.
Was bin ich, wenn ich nicht teilhabe? Um zu sein,
muss ich teilhaben." In einem Aufklärungsgeschwader
erlebt er die Kriegsmonate. Nach dem Waffenstillstand
wird er aus der Luftwaffe entlassen. Er geht nach Nord-
amerika ins freiwillig gewählte Exil. Da er in New York
mit seinen Landsleuten wegen politischer Differenzen
nicht klar kommt, reist er vorübergehend nach Kalifor-
nien weiter. Die Zeit dort nutzt er, sein eigens Erleben
dichterisch zu verarbeiten.
Um seinem bedrängten Vaterland zu helfen, lässt er
sich als Luftwaffenpilot reaktivieren. Doch es zeigt sich,
dass seine Flugkünste nach der langen Pause gelit-
ten haben. Als er bei der Rückkehr von einem seiner
ersten Flüge verunglückt, wird er unter Hinweis auf
sein Alter und seine diversen Verletzungen ausgemu-
stert. Daraufhin beschäftigt er sich mit technischen
Problemen der neuen Düsentriebwerke, wobei ihm
seine flugtechnische Patente zugute kommen. Da er
kein unbekannter Irgendwer ist, gelingt es ihm durch
intensive Bemühungen, die Erlaubnis zur Rückkehr in
den aktiven Militärdienst und für eine begrenzte Zahl
von Aufklärungsflügen zu bekommen. Von seinem plan-
mäßig letzten Aufklärungsflug kehrt er nicht zurück,
er bleibt verschollen. Ungeklärt bleibt, ob seine Ma-
schine abgeschossen wird oder er aus anderen Gründen abstürzt.

*Wer mag's sein?*

*Auflösung auf Seite 20*

Auflösung zu Seite 133:
*Paul Gerhardt*

## *Er wird als erster Sohn...*

eines Pfarrers geboren und wächst mit fünf Geschwistern auf. Ab seinem achten Lebensjahr besucht er zunächst eine Dorfschule und wechselt dann in ein Internat, wo er Französisch, Englisch und Deutsch lernt und seine ersten Zeichenversuche macht. Als Sechzehnjähriger beginnt er eine Ausbildung in einer Kunsthandlung, dessen Leiter mit seinen Leistungen sehr zufrieden ist.

Bei einem Besuch in Paris ist er von den Gemäldesammlungen des Louvre tief beeindruckt. Anschließend reist er nach London, um dort in einer weiteren Kunsthandlung zu arbeiten. Er mietet sich in einer Pension ein, besucht in seiner Freizeit die Kunstmuseen der Stadt und fertigt verschiedene Zeichnungen nach Londoner Motiven.

Bei einem Besuch als Einundzwanzigjähriger bei seinen Eltern erkennen diese, dass sich seine heitere und optimistische Lebenseinstellung zu einer eher ernsten und grüblerischen Wesensart gewandelt hat. Er beginnt, sich intensiv mit der Bibel zu beschäftigen und fällt bald seinen Kunden und Kollegen durch eine von religiösen Strukturen beeinflusste radikale Kunstauffassung negativ auf. Er verliert seine Anstellung als

Kunsthändler und findet eine schlecht bezahlte Stelle bei einem Methodisten-Pfarrer als Lehrer und Hilfsprediger. In seiner ersten Predigt beeindruckt er die Gemeinde durch seine Jugend, seine Hingabe und seine durchdringend blickenden Augen. Er spricht mit Begeisterung, aber doch schlicht.

Um sich auf die Aufnahmeprüfung für ein Theologiestudium vorzubereiten, nimmt er Unterricht in Latein, Griechisch und Theologie. Doch er muss feststellen, dass er für eine rein formale Bildung kein Talent besitzt. Er fragt sich, ob nicht allzu viele theologische Formalien für den Dienst an Armen und Unterdrückten hinderlich sind. So gibt er seinen Plan auf, Theologie zu studieren und besucht stattdessen ein dreimonatiges Seminar für Laienprediger. In der Abschlussprüfung wird er allerdings als ungeeignet eingestuft.

Daraufhin geht er in ein Steinkohlerevier, in dem die Menschen in extremer Armut und unter dürftigsten Lebensbedingungen wohnen. Für eineinhalb Jahre hilft er Kranken und liest Bergarbeitern aus der Bibel vor. Da er nicht mehr besitzen möchte als die von ihm betreuten Menschen, verschenkt er alles Entbehrliche an noch Bedürftigere und lebt in äußerst ärmlichen Verhältnissen. Er fertigt viele Zeichnungen von den Bergleuten und ihren Arbeitsbedingungen an. Obwohl sein Bruder seine Lebensweise missbilligt, schickt er ihm bis zum Lebensende regelmäßig Geld zum Lebensunterhalt.

Nach seiner Zeit im Kohlerevier beginnt er ein halbjähriges Studium in den Fächern anatomisches und perspektivisches Zeichnen; danach lässt er sich von seinem Onkel in die Aquarellmalerei einweisen. Dann beschäftigte er sich mit der Technik der Ölmalerei. Als die Pariser Kunstwelt auf ihn aufmerksam wird, zieht er auf Betreiben seines Bruders an die Seine und gewinnt schnell Kontakt zu dortigen Künstlerkollegen. Doch seine Bilder treffen nicht den Kunstgeschmack des Pariser Publikums.

So zieht er weiter gen Süden, wo der grellblaue Himmel und die scharfe Klarheit in der Luft ideale Bedingungen für eine sehr fruchtbare Schaffensperiode bieten. Er steigert sich in einen beispiellosen Arbeitsrausch hinein. Er findet engeren Kontakte zu einigen Mitbürgern, die sich ihm gerne als Modell zur Verfügung stellen. Als ein Künstlerkollege aus Paris zu ihm zieht, zeigt sich schon bald, dass die gegenseitigen Auffassungen sowohl in künstlerischen Fragen wie auch im Bereich der menschlichen Kommunikation nicht vereinbar sind. Die Trennung stürzt ihn in eine psychische Krise, und er muss sich in eine Nervenheilanstalt begeben. Dort richtet er sich in seinem Zimmer ein Atelier ein und malt einige Bilder. Dadurch verbessert sich sein Zustand zunächst deutlich, aber es kommt immer wieder zu Rückfällen mit schrecklichen Halluzinationen und nachfolgender tiefgehender Depression.

Nach deren Abklingen verlässt er die Heilanstalt. Er nimmt seine Arbeit in einer ungeahnten Intensität wieder auf, aber es dauert nicht lange und seine optimistische Lebensfreude weicht wieder depressiveren Zügen. Als er an einem Sommerabend mit starken Schmerzen nach Hause kommt, stellt der herbeigerufene Arzt fest, dass er eine Pistolenkugel in seiner Brust hat, die nicht entfernt werden kann. In den Morgenstunden des übernächsten Tages stirbt er.

*Wer mag's sein?*

*Auflösung auf Seite 188*

Auflösung zu Seite 189:
*Frida Kahlo*

# Ein viel gereister Ingenieur...

ist ihr Vater, die Mutter adelig. Sie ist das dritte Kind. Die Familie ist nicht wohlhabend, doch Kunst, Literatur und Musik spielen in der Erziehung eine große Rolle. Sie erhält Klavierunterricht und beginnt zu zeichnen. Im Alter von zehn Jahren widerfährt ihr ein schweres Unglück, als sie gemeinsam mit zwei Cousinen beim Spielen in einer Sandgrube verschüttet wird. Während sie und eine Cousine rechtzeitig gerettet werden, erstickt die zweite Cousine unter den Sandmassen. Dieses erschütternde Erlebnis prägt sie ihr Leben lang.

Gerade erst sechzehn Jahre alt, geht sie auf Wunsch ihrer Eltern zu Verwandten nach England, um dort für ein Jahr Haushaltsführung und Englisch zu erlernen. Dank der Unterstützung ihres Onkels erhält sie auch Kunstunterricht. Bald aber leidet sie unter starkem Heimweh. Außerdem fühlt sie sich unter der autoritären Führung ihrer Tante nicht wohl. So kehrt sie schließlich früher als geplant nach Deutschland zu ihren Eltern zurück.

Ihr Vater bewegt sie, ebenso wie ihre älteste Schwester ein Lehrerinnenseminar zu besuchen. Während dieser Zeit erhält sie privaten Malunterricht und zum ersten Mal die Gelegenheit, nach einem lebenden Modell zu arbeiten. Nach ihrem gutem Abschlussexamen am Lehrerinnenseminar geht sie mit Unterstützung durch die Familie ihrer Mutter nach Berlin. Dort nimmt sie ein Kunststudium auf, und zwar, da Frauen an der Kunstakademie nicht zugelassen sind, an der Zeichen- und Malschule des Vereins der Berliner Künstlerinnen. Sie hat nur ein Ziel: das Malen.

Als Einundzwanzigjährige entdeckt sie anlässlich eines Ausflugs mit ihrer Familie den Ort und die Landschaft, wo sie die Einsamkeit und die Farben findet, die sie für ihre Farbkompositionen braucht. Für sie entsteht die wahre Wirklichkeit der Dinge aus der Farbe. Dank einer kleinen Erbschaft kann sie sich dort auf einem Bauernhof ein eigenes kleines Atelier einrichten.

Bald fühlt sie sich von der Kunstszene in Paris angezogen, und so bricht sie in der letzten Silvesternacht des ausgehenden Jahrhunderts in die französische Metropole auf. Dort belegt sie Kurse für Aktmalerei in einer Privatakademie. Darüber hinaus wird ihr der Besuch des Louvre zur oft geübten Gewohnheit, und sie verbringt dort viele Stunden, um nach antiken und ägyptischen Vorbildern zu zeichnen.

Das neue Jahrhundert ist kaum angebrochen, kehrt sie in ihre liebgewonnene Landschaft von Moorböden und Wiesen unter weitem Himmel zurück. In ihren Bildern beschränkt sie sich auf das Zusammenspiel von nur wenigen stumpfen, erdigen Farben. Überraschend verlobt sie sich alsbald mit einem elf Jahre älteren Maler, vermutlich auf Drängen ihrer Eltern, die Sorge um die materielle Zukunft der Tochter haben. Nach der Eheschließung lässt sie zunächst in ihren Briefen die Sprache der Liebe zu Wort kommen, doch in ihrem Tagebuch malt sie sich ihr mit weißen Nelken umpflanztes Grab aus.

Immer wieder zieht sie es nach Paris. Die Begegnungen mit bereits bekannten Malern bedeuten für sie das große befruchtende künstlerische Ereignis. Sie richtet sich ein spartanisches Atelier ein und nimmt erneut Zeichenkurse sowie einen Anatomiekurs, weil sie mit ihrer Malerei nicht zufrieden ist.

Allmählich entfremdet sie sich von ihrem Mann. In einem Brief schreibt sie ihm: „Versuche den Gedanken ins Auge zu fassen, dass sich unsere Wege scheiden werden." In ihrer Pariser Zeit, die von unvorstellbarer Schaffenskraft gekennzeichnet ist, entstehen Bilder, aus denen die Lebensgläubigkeit einer Malerin spricht die nur die Natur verehren will als „die Bringende, die das Leben hat und schenkt."

Ihre ewigen Geldsorgen zermürben sie. Einunddreißigjährig bringt sie nach einer schwierigen Geburt eine Tochter zur Welt. Ihre eigene Gesundheit bleibt sehr geschwächt. Knapp drei Wochen später stirbt sie an einer Embolie.

*Wer mag's sein?*

*Auflösung auf Seite 68*

Auflösung zu Seite 109:
*Rahel  Varnhagen*

## *Sie wird in einer großherzoglichen Residenzstadt...*

als Tochter in eine Kaufmannsfamilie des gehobenen Mittelstandes mit bäuerlicher Verwandtschaft geboren. Als sie sieben ist, stirbt ihre Mutter an Schwindsucht. Neun Jahre später erleidet ihr Vater einen Gehirnschlag. Nun Vollwaise, wird sie von ihrem Vormund für ein Jahr in ein schwäbisches Pfarrhaus gegeben. Dort begegnet ihr zum ersten Male eine spezifisch geistige Atmosphäre. Sie muss erkennen, dass sich die Männerwelt die Beschäftigung mit philosophischen, abstrakten Dingen als selbstverständliches Recht vorbehält. Das ist ihr von zu Hause aus nicht bekannt; denn der dort gepflegten bürgerlichen Tüchtigkeit des gemeinsamen Sorgens und Arbeitens ist solches Verhalten unbekannt.

So ist es nicht überraschend, dass sie Kants „Kritik der reinen Vernunft" erwirbt und durcharbeitet. Sie kämpft um die innere Selbständigkeit und die Erfüllung eines Ziels. Sie will das Lehrerinnenexamen machen. Da dies für den gehobenen Mittelstand im heimatlichen Großherzogtum unüblich ist, muss sie erst durch Volljährigkeit dem fürsorgenden Einspruch

ihres Vormundes entwachsen. Bis dahin nutzt sie die Zeit, als Erzieherin in Privathäusern und als Lehrerin in einer privaten Mädchenschule zu wirken. Sie gibt Stunden in deutscher Literatur und Grammatik und beginnt ein intensives Selbststudium der Philosophie, Literatur- und Religionsgeschichte, Geschichtswissenschaft und der alten Sprachen. So schafft sie sich gute Voraussetzungen für ein erfolgreiches Lehrerinnenexamen.

Nach Abschluss ihres Examens arbeitet sie als Hauslehrerin und engagiert sich fortan für die Emanzipation von Mädchen und Frauen durch Bildung; sie tritt dem „Verein deutscher Lehrerinnen und Erzieherinnen" bei. Als Fünfundvierzigjährige eröffnet sie in Berlin Gymnasialkurse für Mädchen. Es ist ein schwieriges Unterfangen, denn die Lehrkräfte müssen sich neben sonstigen Amtspflichten auch zu freiwilliger Mehrtätigkeit bereit finden. Es kommt zu zähen Kämpfen um den elementaren Charakter der Mädchenerziehung, um die Stellung der Frau als wissenschaftliche Lehrkraft, als Schulleiterin. Mit ihrer Gescheitheit und der Sicherheit gelassener Überlegenheit ihrer Argumente, mit lachendem Humor, auch mit Trotz, wenn es sein muss, und mit nüchternem Sachversstand steht sie die zahlreichen Herausforderungen durch.

In der Auseinandersetzung mit dem letzten Sinn ihres Berufes kommt sie zur „Frauenbewegung", ein Wort, das zu ihrer Zeit kaum geläufig ist. Sie wirkt einer Verflachung und rein agitatorischen Behandlung der „Frauenfrage" entgegen, als diese mit dem sozialökonomischen Strukturwandel, mit der Industrialisierung und mit der Berufstätigkeit der Frau vermehrt ins öffentliche Bewusstsein tritt. Publizistisch bemüht sie sich, mit Hilfe einer Monatszeitschrift der Stellung der deutschen Frau den ihr gebührenden sachlichen und geistigen Rang zu verschaffen.

Ihr geht es dabei um die Stärkung der schöpferischen und eigenständigen Frauenleistung in ihrem Selbstwert. So zitiert sie gerne einen Satz aus einer Denkschrift der deutschen Mädchenschulpädagogen: „Es gilt, dem Weibe eine der Geistesbildung des Mannes in der Allgemeinheit der Art und der Interessen ebenbürtige Bildung zu ermöglichen." In ihrem Gefühl für die Autonomie und Würde geistiger Werte kämpft sie für eine bessere Frauenbildung. Als in Preußen das Vereinsgesetz, das den Frauen die Mitgliedschaft in politischen Parteien untersagt, aufgehoben wird, schließt sie sich der linksliberalen Freisinnigen Vereinigung an.

Sie kämpft für die Anerkennung der geistig-seelischen Fähigkeiten der Frau, um die Freilegung von den konventionellen, auch gedachten Hemmungen, die jegliche Entfaltung, Erprobung, Bereicherung hindern oder doch erschweren. In ihrem Engagement vereint sich ein feuriges Herz mit einer nüchternen Gescheitheit und Gewissenhaftigkeit. Sie bleibt dem Romantischen fern und ist frei von aller Schwärmerei. Die Einführung des aktiven und passiven Wahlrechts für Frauen nach dem Ersten Weltkrieg in der Weimarer Republik gibt ihr die Möglichkeit, für die Hamburger Bürgerschaft zu kandidieren. Sie wird gewählt und eröffnet deren konstituierende Sitzung als Alterspräsidentin. Allmählich zieht sie sich aus der politischen Arbeit zurück, bleibt aber weiterhin publizistisch tätig. Im Alter von zweiundachtzig Jahren stirbt sie in Berlin.

*Wer mag's sein?*

*Auflösung auf Seite 96*

Auflösung zu Seite 97:
*Ricarda Huch*

# *In eine alte westfälische Adelsfamilie...*

wird er als sechstes Kind geboren. In seiner Kindheit gehört er zum Spiel- und Freundeskreis des gleichaltigen preußischen Prinzen Friedrich Wilhelm.Durch seine Mutter, die einem holländischen Geschlecht entstammt, ist seine Erziehung religiös geprägt. Nach seiner Schulzeit wählt er zunächst das Bergbaustudium, das er jedoch nach kurzer Zeit wieder aufgibt. Stattdessen macht er eine Ausbildung zum Landwirt. Danach wird er Verwalter eines Gutshofes in Pommern. Dies ist für ihn als Adligen, der kein Landerbe zu erwarten hat, ein standesgemäßer Beruf.

Für sein bisheriges Leben neu ist die Konfrontation mit dem Elend der landlosen pommerschen Bevölkerung. Sie lässt seinen Wunsch wachsen, den Menschen zu helfen. Schon bald nimmt er sich seiner Angestellten im Stil patriarchalischer Fürsorge an.

Er ist dreiundzwanzig Jahre alt, als er sich von der Predigt eines Missionars der Erweckungsbewegung, einer innerprotestantischen Erneuerungs- und Frömmigkeitsbewegung, ganz persönlich angesprochen fühlt. So entschließt er sich, nach Basel zu gehen, wo die Missionsbewegung ihr Zentrum hat, und Theologie zu studieren. Sein Ziel bleibt die Mission. Aber nach dem erfolgreichen Abschluss seiner Studien in Basel, Erlangen und Berlin geht er nicht nach Afrika, sondern nach Paris. Dort tritt er eine Stelle als Hilfsprediger an. Die Evangelische Mission unter den Deutschen wird seine erste Gemeinde. Insbesondere engagiert er sich fürsorglich für die armen deutschen Arbeiterfamilien, deren religiöser Halt in der Vereinsamung einer entwurzelten Massenexistenz aufs äußerste bedroht ist. Ihre Kinder sammelt er von der Straße weg und schafft ihnen mit dem Bau einer bescheidenen Kirche und einer Schule auf dem Montmartre einen Ort der Hoffnung. Das nötige Geld sammelt er in den frommen Kreisen seiner westfälischen Heimat, die zur Stütze seiner Missionsarbeit an der Seine werden.

Mit dreißig Jahren heiratet er seine Cousine. Als sie nach der Geburt des ersten Kindes an Wochenbettdepression erkrankt, beendet er seine sechsjährige Tätigkeit als „Gassenkehrerpastor". Auf ärztlichen Rat hin zieht er mit seiner Familie zurück nach Deutschland und nimmt eine Bauernpfarrstelle im Westfälischen an. Seinen achtjährigen Dienst dort muss er zeitweilig unterbrechen, um im kurzen preußischösterreichischen Krieg als Feldprediger zu wirken.

Ein harter Schicksalsschlag beendet abrupt das beschauliche dörfliche Familienleben, als innerhalb von zwei Wochen alle vier noch kleinen Kinder an Diphtherie sterben. Trost bringen allmählich die nachfolgenden acht Jahre, in denen noch einmal vier Kinder geboren werden.

Als er zum Leiter einer Heil- und Pflegeanstalt für Epileptische ernannt wird, gilt seine Fürsorge nicht nur diesen Kranken, sondern auch den psychisch kranken und in unterschiedlichem Grade behinderten Menschen. Er geht neue Wege der Therapie und schafft eine „Stadt der Barmherzigkeit", in der die Kranken in Gruppen zusammengefasst so betreut werden, dass mit der Zuweisung von angemessenen Aufgaben, Verantwortungen und Arbeiten ein Gefühl menschlicher Wertigkeit und Nützlichkeit geweckt wird. Hier wird offenbar, dass die religiösen Antriebe seiner Rettungs- und Liebeskraft aufs wunderbarste gemischt mit einem praktischen pädagogischen Verstand sind. Für ihn ist das individuelle Schicksal, das Hilfe erfordert, wichtig. Dies wird offenbar, als ein arbeitsloser Wandergesell seine Hilfe erbittet. Alsbald findet er eine Lösung, um Menschen, die ohne eigene Schuld in Not geraten sind, zu unterstützen. Nach dem Motto „Arbeit statt Almosen" gründet er für sie an verschiedenen Orten Deutschlands Arbeiterkolonien. Sie sollen für Obdachlose gleichzeitig Zufluchtsstätte und Herberge sein.

Um die Lage der Handwerksburschen durch zeitgemäße Gesetze zu verbessern, scheut er sich nicht, noch als über Siebzigjähriger ein Parlamentsmandat im preußischen Landtag anzunehmen. Dort setzt er sich für das Wanderarbeitsstättengesetz ein. In seinem Kampf gegen bürokratische Vorbehalte hilft ihm sein überlegener, einmal geistreicher, einmal zorniger Humor. Im Alter von neunundsiebzig Jahren stirbt er. Seine äußere Erscheinung, ein leicht gebückter Mann mit einer wunderbaren, hohen Stirn und einem durchfurchten Gesicht bleibt unvergessen.

*Wer mag's sein?*

*Auflösung auf Seite 76*

Auflösung zu Seite 185:
*Richard Löwenherz*

# *Er wird in eine alte, aber nicht sehr reiche...*

Adelsfamilie geboren. Unterricht erhält er, wie fast alle Kinder vornehmer Familien, von einem Hauslehrer. Doch ebenso wichtig wie die Aneignung von Wissen ist es für ihn, sich die alten Sitten seines Standes einzuprägen, wie sie ihm in seiner Familie vorgelebt werden. Schon als Junge erweist er sich als guter Reiter. Als er fünfzehn ist, stirbt sein Vater. Schon ein Jahr später heiratet er die Tochter eines hohen in Opposition zum Diktator des Landes stehenden Staatsbeamten. Um seine eigene politische Loyalität gegenüber dem Herrscher zu beweisen, soll er sich scheiden lassen. Er widersetzt sich diesem Ansinnen. Als junger Offizier findet er weitab der Landeshauptstadt einen sicheren Unterschlupf.

Erst nach dem Tod des Diktators bietet sich ihm die Chance, statt einer Offiziers- eine Beamtenlaufbahn einzuschlagen. Als untergeordneter Beamter wird er zunächst öffentlicher Ankläger. Dabei kommt ihm seine rhetorische Begabung zugute. Da er sich bald erneut den Anfeindungen politischer Gegner ausgesetzt sieht, entschließt er sich, eine Studienreise zu unter-

nehmen. Dabei gerät er in die Gefangenschaft von Piraten. Gegen Lösegeld kommt er frei und organisiert eine private Seestreitmacht, die die Piraten fängt. Er lässt sie kreuzigen, wie er es ihnen angekündigt hat, als er noch in ihrer Hand war.

Als er mit knapp siebenundzwanzig Jahren an Stelle eines verstorbenen Verwandten in das Priesterkollegium des Landes gewählt wird, schafft er sich zielstrebig einen Zugang in die unterste Stufe der politisch bedeutenden Ämter. Während dieser Zeit stirbt seine Frau, aber es währt nicht lange, und er vermählt sich mit der wohlhabenden Enkelin des verstorbenen Diktators. Deren Reichtum nutzt er umgehend für seinen politischen Aufstieg. Sein politisches Ansehen und seine Beliebtheit beim Volk steigert er durch großzügige Aktionen. Die damit verbundenen Schulden nimmt er in Kauf. Er findet neue Geldgeber und lässt sich von seiner zweiten Frau scheiden.

In seinem ersten wichtigen politischen und gleichzeitig militärischen Amt fernab der Hauptstadt festigt er durch seine aggressive Kriegsführung seinen Ruf als fähiger Stratege. Doch seine politischen Widersacher widersetzen sich seinen Ambitionen auf höhere Staatsämter. Deshalb verbündete er sich mit zwei Gleichgesinnten, die ebenfalls nach größerem politischen Einfluss streben. Zur Bekräftigung der Dreierallianz gibt er seine Tochter einem seiner beiden Bundesgenossen zur Frau.

Nun steht auch seiner Wahl ins höchste Staatsamt nichts mehr im Wege, doch seine Amtsführung bleibt bei einflussreichen Politikern umstritten. Da er am Ende seiner Amtszeit eine Anklage befürchtet, sucht er eine neue Aufgabe in einem Grenzgebiet des Reiches, die ihm wichtigen Machtgewinn verspricht. Bevor er in die Provinz abreist, heiratet er zum dritten Mal. Sein neues Amt verschafft ihm die Möglichkeit, Heere aufstellen, die auf ihn persönlich eingeschworen sind. Um seine Macht und seinen Reichtum weiter auszubauen, scheut er auch einen Krieg außerhalb der Grenzen des Reiches nicht. Gegen Aufständische geht er mit großer Brutalität vor.

Als einer seiner beiden Bündnispartner in einem Feldzug ums Leben kommt und der zweite – sein Schwiegersohn – sich von ihm abwendet, verliert er seine politische Basis. Der Aufforderung , seine Truppen aufzulösen, verweigert er sich. Nun muss er fürchten, zur Rechenschaft gezogen zu werden. Um seine Ehre, die ihm auf Grund seiner Leistung zustehe, zu wahren, eröffnet er den Bürgerkrieg. Er zieht mit einem starken Truppenverband in Eilmärschen gegen die Landeshauptstadt und bringt sie unter seine Kontrolle. Die meisten ihm feindlichen gesonnenen Politiker fliehen. So fällt es ihm leicht, sich abermals zum obersten Staatsbeamten wählen zu lassen.

Er entfaltet eine umfangreiche Gesetzestätigkeit, um das Staatswesen grundlegend zu reformieren. Er plant eine Kodifizierung und Überarbeitung der Gesetze, die Anlage einer umfangreichen Bibliothek und weitere große Bauvorhaben. Auch Sümpfe in der Umgebung der Hauptstadt will er trockenlegen lassen. Zudem führte er einen verbesserten Kalender ein. Eine von ihm betriebene Ernennung zum Diktator auf Lebenszeit – ein nicht verfassungskonformer Titel – erweckt den Verdacht, er strebe sogar nach der Königswürde. Dies zu verhindern, bildet sich in den Reihen seiner Widersacher eine Verschwörergruppe, die ihn schließlich ermordet.

*Wer mag's sein?*

*Auflösung auf Seite 104*

Auflösung zu Seite 141:
*Robert Blum*

# *Er wird in eine Familie alten Adels...*

geboren, die jedoch kein nennenswertes Vermögen mehr besitzt. Seine Kindheit ist geprägt von Familienstolz und elterlicher Gleichgültigkeit. So verbringt er nie länger als eine Woche gemeinsam mit seinen Eltern unter einem Dach. Wegen eines Klumpfußes, den er von Geburt an hat, ist ihm eine militärische Laufbahn verschlossen. Deshalb bleibt ihm seiner hochadligen, aber verarmten Herkunft entsprechend als Alternative nur die Ausbildung in der Kirche, um höhere Ämter erlangen zu können.

So tritt er im Alter von sechzehn Jahren in ein Priesterseminar ein, wo sich ihm zwei Quellen des Vergnügens auftun, die sich ihm in seinem ganzen Leben als wertvoll erweisen sollen. Die eine ist die Seminarbibliothek, in die er sich lesewütig stürzt, wobei er die Geschichtswerke und die Lebensbeschreibungen großer Staatsmänner bevorzugt. Die zweite Freude bringt ihm sein erstes Liebeserlebnis. Als künftiger Priester, der die Kirche nicht zu lieben vermag, findet er Trost in den Armen einer Schauspielerin.

Mit einundzwanzig verlässt er das Priesterseminar und nimmt ein Theologiestudium an der Universität auf. Vier Jahre später wird er zum Priester geweiht. Dies verschafft ihm Einkünfte, die ihm einen Lebensstil ermöglichen, der mehr seinem adligen Rang als seinem geistlichen Stand entspricht. Obwohl ihm die Mode und Zeitgeist näher als kirchliche Belange stehen, verfolgt er zielstrebig seine Karriere. Mit sechsundzwanzig Jahren übernimmt er das einflussreiche Amt eines kirchlichen Generalbevollmächtigten, dem die Vertretung der Interessen des Klerus gegenüber der Krone obliegt.

Er setzt sich energisch für die Rechte der Geistlichkeit, insbesondere für deren Steuerfreiheit ein und versucht, die Lebensbedingungen des niederen Klerus zu verbessern. Durch seine regelmäßigen Kontakte mit verschiedenen Ministern erwirbt er politische Erfahrung. Einen ersten Höhepunkt seiner Karriere erreicht er, als er vierunddreißigjährig zum Bischof geweiht wird. Ob seines Witzes, seines liederlichen Lebens und seiner zupackenden Tüchtigkeit in den Salons gefeiert, fasst er in der politischen Arena wirksam Fuß.

Als in seinem Land die Revolution ausbricht, weigert er sich auszuwandern, denn er ist von den revolutionären Ideen angetan. Im Parlament bringt er einen Antrag ein, das gesamte Eigentum der Kirche auf den Staat zu übertragen. Damit weckt er tiefste Empörung bei vielen Zeitgenossen, die die Verwerflichkeit eines Bischofs ins Ungeheuerliche gesteigert sehen. Ihm fällt es immer schwerer, seine Stellung als kirchlicher Würdenträger mit der Tätigkeit eines revolutionären Führers zu vereinbaren. So verzichtet er schließlich auf sein Bischofsamt. Da er gegen die Weisung des Papstes den Treueid auf die „Zivilrechtliche Konstituierung der Geistlichkeit" leistet, wird er exkommuniziert. Im Auftrag seiner Regierung übernimmt er eine diplomatische Mission, die eine Kriegskoalition gegen sein Land verhindern soll, obwohl sich dort die

Revolution zunehmend in Richtung Krieg entwickelt. Er warnt vor den Gefahren einer Eroberungspolitik. Als das Revolutionsregime, das immer mehr die Züge einer Terrorherrschaft annimmt, Dokumente findet, die ihn politisch belasten, sieht er sein Leben bedroht. Umgehend besorgt er sich die lebenswichtige Erlaubnis zur Auswanderung und reist in die USA, von wo er zwei Jahre später zurückkehrt, als sich die politische Lage in seinem Heimatland gebessert hat.

Bald erreicht er den vorläufigen Höhepunkt seiner politischen Karriere, als er für zwei Jahre das Amt des Außenministers übernimmt. Er tritt zurück, als er das Scheitern der Regierung kommen sieht. Dann hilft er, den nächsten Herrscher durch einen Staatsstreich an die Macht zu bringen. Obwohl ihm dieser einen Mangel an Moral vorwirft, wird er dennoch erneut zum Außenminister ernannt. Ein weiterer Charakterzug ist seine Trägheit. Er macht es sich zum Grundsatz, niemals eine Arbeit selber zu erledigen, die er auf einen anderen abwälzen kann. Mit siebenundvierzig Jahren heiratet er seine Mätresse.

Sein politischer Einfluss schwindet, als er sich gegen weitere Kriege ausspricht und stattdessen dafür plädiert, sich mit den bisherigen Eroberungen zu begnügen. So scheidet er aus seinem Amt. Nach einem erneuten Umsturz in seinem Land wird ihm, dem „Diener vieler Herren", vom neuen Herrscher abermals das Außenamt übertragen. Trotz seiner erfolgreichen diplomatischen Aktivitäten, schwindet sein innenpolitischer Rückhalt. Zum letzten Mal verliert er sein Ministeramt. Für nahezu fünfzehn Jahre ist er nun weitgehend zur politischen Bedeutungslosigkeit verurteilt und verfasst in dieser Zeit seine Memoiren. Als er sich seinem Tod nahe sieht, versöhnt er sich schließlich mit der Kirche und unterzeichnet eine Erklärung, in der er seine Verfehlungen eingesteht.

*Wer mag's sein?*

*Auflösung auf Seite 36*

Auflösung zu Seite 113:
*Theodor Storm*

## *Er wird als dritter Sohn...*

in ein Königshaus geboren. Als Schüler, dessen Lehrplan sich zwischen Lanzenreiten und Latein bewegt, lernt er gut. So beeindruckt er als Erwachsener durch seine Bildung und seine Freude am gelehrten Disput in fließendem Latein. Darüber hinaus spricht er zweierlei Französisch – die südfranzösische langue d'oc und die Sprache des französischen Nordens. Englisch liegt ihm dagegen nur wenig.

Seine spätere Kindheit und den Großteil seiner Jugend verbringt er in der Heimat seiner Mutter. Mit zwölf Jahren wird er mit einer königlichen Prinzessin verlobt, mit fünfzehn wird er Herzog. Seinen Anspruch auf den Königsthron muss er gegen den Widerstand seines Vaters verteidigen. Erst dessen Tod verschafft ihm die Krone. In einer Zeremonie von großem Pomp in Anwesenheit zahlreicher Lehnsträger wird er gekrönt. Doch der Festakt wird durch antijüdische Ausschreitungen getrübt. Er verbietet zwar weitere Pogrome,

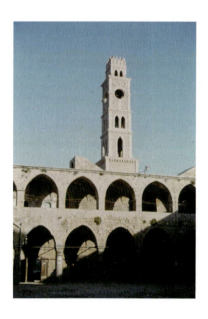

aber die Gewalt flammt immer wieder auf, und innerhalb eines Jahres sind die Juden aus seinem Königreich vertrieben.

Zunächst geht er allerdings nicht an die Festigung seiner Herrschaft, sondern bereitet die Erfüllung seines Kreuzzugsgelübdes vor. Als der Papst zum dritten Kreuzzug aufruft, beginnt er Geld für eine Streitmacht auf „originelle" Weise zu sammeln. Er enthebt sämtliche Würdenträger ihres Amtes, und erst gegen die Zahlung einer großen Geldsumme erhalten sie es zurück. Sein Plan geht auf, und es kommt genügend Geld zusammen, um mit 219 Schiffen und einer Streitmacht von 15 000 Mann ins östliche Mittelmeer lossegeln zu können.

Auf dem Weg dorthin befreit er zunächst seine Schwester, die in Messina auf Sizilien gefangengehalten wird. Im Rahmen der Befreiungsaktion rauben, morden und plündern seine Soldaten, bis er ihnen Einhalt gebietet. Trotz dieser Gräueltaten geht der Respekt der Bürger Messinas vor ihm soweit, dass sie ihm einen würdevollen Beinamen geben. Auf seinem weiteren Weg ins Heilige Land heiratet er auf Zypern eine Königstochter.

In ihrer und seiner Schwester Begleitung erreicht er mit seinen Truppen an einem Junitag die Küste bei Akko, die er als erste Stadt im Sturm erobert. Dabei erweist er sich als ein Haudegen, der sich oft ganz vorn ins Kampfgetümmel stürzt, furchtlos bis zum Leichtsinn. Nach der Einnahme der Stadt fordert er die Übergabe des Wahren Kreuzes, aller christlichen Gefangenen und eines fürstlichen Geldbetrages vom Sultan. Wegen dessen Verzögerungstaktik lässt er sich zu einem grausigen Massaker hinreißen. Auf seinen Befehl hin werden 2700 muslimische Gefangene, darunter Frauen und Kinder, vor die Mauern der Stadt gebracht und niedergemetzelt.

Danach setzt er seinen Siegeszug mit der Eroberung weiterer Städte fort, doch den Angriff auf Jerusalem wagt er nicht, da sein Heer inzwischen geschwächt und er selber erkrankt ist. Er ordnet den Rückzug an, ohne Jerusalem betreten zu haben. Ende Oktober verlässt er das Heilige Land, extrem spät für die Fahrt übers Mittelmeer, wo die Winterstürme unmittelbar bevorstehen. Seine Rückreise wird zu einer Irrfahrt durch feindliches Gelände. Auf einem Piratenschiff segelt er durch die Adria. In Istrien geht er von Bord und zieht als Kaufmann verkleidet mit wenigen Getreuen nach Norden, wo er bald entführt und als Geisel genommen wird. Mit Hilfe seiner Mutter, des Papstes sowie einer beträchtlichen Lösegeldsumme kommt er schließlich wieder frei.

Mit staatsmännischem Geschick sammelt er Verbündete um sich und versöhnt sich mit alten Widersachern, um sein gefährdetes Herrschaftsgebiet abzusichern. Sorge bereitet ihm der aufständische Adel. Um ein Exempel zu statuieren, belagert er die Burg eines aufsässigen Fürsten. Am Abend vor dem geplanten Sturmangriff inspiziert er die Außenmauern der Burg. Ein Armbrustschütze schießt vom Burgturm auf ihn und trifft ihn mit einem Pfeil an der linken Schulter. Da er keine Rüstung trägt , kann die Pfeilspitze tief eindringen. Er wankt, schwingt sich aufs Pferd und reitet zurück in sein Heerlager. Dort schneidet ein Arzt die Spitze aus dem Körper. Aber der Wundbrand lässt sich nicht aufhalten, und so stirbt er knapp zwei Wochen später in den Armen seiner Mutter in seinem zweiundvierzigsten Lebensjahr. Sein Leichnam wird in einer Abtei, sein Herz in einer Kathedrale beigesetzt.

*Wer mag's sein?*

*Auflösung auf Seite 176*

Auflösung zu Seite 161:
*Vincent van Gogh*

# *Sie wird als Tochter eines Fotografen...*

geboren, der einer bürgerlichen Familie jüdischen Glaubens entstammt. Später verschiebt sie ihr Geburtsdatum um drei Jahre, um ihr Leben mit der Revolution in ihrem Lande beginnen zu lassen. Viel Liebe erfährt sie als Kind von ihrer Mutter nicht, nicht einmal während der neun Monate, als sie als Sechsjährige an spinaler Kinderlähmung erkrankt. Nach dem langen Krankenlager behält sie ein dünneres und etwas kürzeres rechtes Bein zurück.

Als achtzehnjährige Gymnasiastin wird sie bei einem Busunglück schwer verletzt. Eine abgebrochene Metallstange hat sich in ihre Hüfte gebohrt, dazu kommen zahlreiche Brüche der Lendenwirbel, des Beckens sowie des rechten Beines. Monatelang liegt sie zunächst in einer Klinik, danach zu Hause, die meiste Zeit mit dem gesamten Oberkörper starr in einem Gipskorsett. Noch zwei Jahre nach ihrem Unfall klagt sie, es sei „ihr größter Wunsch zu reisen, aber ihr bleibe nur die Melancholie der Leser von Reiseberichten.“

Während sie ans Bett gebunden ist, erinnert sie sich, dass ihr Vater in seiner Freizeit malt. So bittet sie ihn, mit seinen Utensilien malen zu dürfen. Ihre Mutter lässt ihr eine Staffelei ans Bett bringen, damit sie auf dem Rücken liegend malen kann. Nach einem Jahr fertigt sie bereits erfolgreich ihr erstes Selbstporträt.

Mit Hilfe eines Spezialkorsetts lernt sie schließlich, wieder ohne Krücken gehen zu können. Allerdings muss sie unter den schweren Schädigungen, die sie durch den Unfall erlitten hat, ihr ganzes Leben lang leiden. Mehrere Fehlgeburten, die sie erleidet, verarbeitet sie in Bildern. In ihnen werden ihre seelischen und körperlichen Qualen offenbar, doch über ihren Schmerz können sie nicht hinwegtrösten.

Im Alter von 22 Jahren heiratet sie einen berühmten Maler, der doppelt so alt wie sie ist, von barocker Leibesfülle und aufgedunsenem Gesicht. Sie reicht ihm lediglich bis zu seinen Schultern, und so vergleichen ihre Eltern das Paar mit „einem Elefanten und einer Taube". Schon bald muss sie sich über die Untreue ihres Mannes immer mehr beklagen. Auch diese Enttäuschungen verarbeitet sie in gefühlsbetonten Bildern. Nach zehn Jahren Ehe lässt sie sich scheiden und flüchtet sich in Alkohol, Affären und ihre Malerei. In ihren Bildern knüpft sie an Votivtafeln an, auf denen anonyme Künstler wie durch ein Wunder überstandene gefährliche Situationen volkstümlich darstellen.

Sie möchte, dass ihr Werk als ein Beitrag angesehen werden kann zum Kampf, den die Menschen um Frieden und Freiheit führen. Sie ist überzeugte Marxistin, von revolutionärem Eifer und einem leidenschaftlichen Nationalismus erfasst. Gemeinsam mit ihrem Mann unterstützt sie Leo Trotzki während seiner letzten Exiljahre. Nach dessen Ermordung auf Betreiben Stalins wird sie verhört, da es sich beim Mörder um einen ihrer Bekannten handelt. Doch eine eventuelle Mittäterschaft erweist sich als falsch.

In dieser Zeit bemüht sich ihr geschiedener Mann, sie zurückzugewinnen. Trotz der bekannten Schwierigkeiten heiratet sie ihn kurze Zeit später ein zweites Mal. Bedingung ist freilich, dass sie finanziell für sich selbst aufkommen und vom Erlös ihrer Arbeit leben kann. Bald wird sie zur bekannteste Malerin ihres Landes. In ihren Bildern kontrastiert sie ihre Ernsthaftigkeit meistens mit hellen Farben. Ihr Damenschnurrbart und die zusammengewachsenen Augenbrauen werden in ihren Selbstporträts zu ihrem „Markenzeichen".

Im Alter von sechsunddreißig Jahren übernimmt sie in einer staatlichen Kunstakademie die Ausbildung der Anfänger. Da die körperliche Belastung wegen ihrer Behinderung zu groß wird, setzt sie den Unterricht in ihrem eigenen Haus fort. Die Schulleitung hilft ihren Schülern und übernimmt deren täglichen Fahrkosten zu ihr. Sie sieht ihre Aufgabe nicht allein als Kunsterzieherin, sondern diskutiert mit den jungen Menschen auch über ihre politischen Überzeugungen und ihre unkonventionelle Einstellung zum Leben.

Lange muss sie warten, bis in ihrer Heimat ihre Werke erstmals in einer Einzelausstellung gezeigt werden, eine Anerkennung, die sie sich schon lange gewünscht hat. Da sie bereits auf einen Rollstuhl angewiesen ist, lässt sie sich auf einer Trage zur Ausstellungseröffnung bringen. Ein Jahr bleibt der emanzipierten Malerin und charismatischen Rebellin noch, bis sie an einer Lungenembolie stirbt.

*Wer mag's sein?*

*Auflösung auf Seite 164*

Auflösung zu Seite 85:
*Wilhelm Busch*

# *Sie wird als fünftes Kind...*

eines Lehrerehepaars geboren. Ihr Vater, ein überzeugter Atheist, ist Lehrer für Physik und Mathematik an einem Gymnasium, ihre sehr gläubige Mutter Direktorin eines Mädchenpensionats. Gemeinsam mit ihrem Bruder und ihren drei Schwestern wird sie zu strenger Disziplin und Pflichterfüllung angehalten. Schon früh fällt sie durch ihre außergewöhnliche Intelligenz auf. Mit vier Jahren kann sie bereits lesen, und so wird sie in eine Privatschule gegeben.

Als sie neun Jahre alt ist, stirbt ihre älteste Schwester an einer Typhusinfektion, zwei Jahre später ihre Mutter an einer Lungenkrankheit. Sie leidet sehr unter diesen Verlusten. Deshalb beschließt ihr Vater, sie auf eine öffentliche Schule zu geben, wo sie mehr Ablenkung erfährt. Bereits als Sechzehnjährige macht sie ihr Abitur als Jahrgangsbeste und erhält eine Goldmedaille.

Da Frauen in ihrem Land der Zugang zum Studium verwehrt ist, bildet sich selbst weiter. Um ihrer Schwester ein Studium in Paris zu ermöglichen, nimmt sie Stellen als Gouvernante und als Hauslehrerin an. Au-

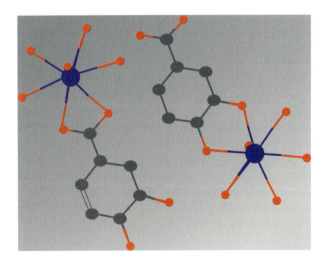

ßerdem pflegt sie ihren kranken Vater und studiert nebenbei illegal Mathematik und Physik an einer „Fliegenden Universität".

Im Alter von vierundzwanzig Jahren macht sie sich auf den Weg zu ihrer Schwester. Mit der Dampfeisenbahn – auf einem Klappstuhl in der 4. Klasse – fährt sie nach Paris. Dort fängt sie an der Universität ein Physikstudium an. Sie ist eine von sehr wenigen Frauen in diesem Studiengang. Sie bezieht eine kleine Kammer, und um Heizung und Licht zu sparen, verbringt sie viel Zeit in der Bibliothek. Ihr zweites Studienjahr schließt sie in Physik als Beste ab. Daraufhin bekommt sie ein Stipendium, mit dem sie ein Mathematikstudium finanzieren kann. Ein Jahr später wird sie Zweitbeste in Mathematik.

Als sie an einem Forschungsprojekt über die Eigenschaften verschiedener Stahlsorten mitarbeitet, begegnet sie einem acht Jahre älteren Physiker. Beide sind von der Forschung besessen, wollen nichts anderes. Diese Gemeinsamkeit bildet die Brücke, auf der sie sich allmählich persönlich näherkommen. Seinen ersten Heiratsantrag lehnt sie ab, da sie nicht vorhat, in Paris zu bleiben. Sie kehrt in ihre Heimat zurück, wo sie vergeblich nach einer Arbeitsmöglichkeit sucht.

So führt ihr Weg wieder nach Paris zurück, und bald heiratet das Physikerpaar. Eine kirchliche Trauung lehnen sie ab, auf Ringe und ein großes Fest wird verzichtet. Von dem Geld, das sie zur Hochzeit geschenkt bekommen, kaufen sich die Jungvermählten Fahrräder und fahren damit in die Flitterwochen.

Kurz darauf erhalten sie vom Direktor einer städtischen Schule die Genehmigung, gemeinsam im Schullabor zu arbeiten. Bei ihren Untersuchungen stoßen sie auf zwei bisher unbekannte Elemente. Um diese chemisch zu isolieren, benötigen sie mehr Rohmaterial und einen größeren Versuchsraum. In einem Schuppen, der als Lagerraum für Brennholz und Kartoffeln dient und durch einen Hof vom Labor getrennt ist, führen sie verschiedene Versuchsreihen durch. Dabei machen sie weitere wegweisende Entdeckungen auf dem Gebiet der Radioaktivität. Dies bringt ihnen den Nobelpreis in Physik.

Die Geburt zweier Töchter, über deren Fortschritte und Entwicklungen sie penible Aufzeichnungen führt, bereichert das familiäre Glück. Dies findet ein abruptes Ende, als ihr Mann im elften Ehejahr einen tödlichen Unfall erleidet. Um das schwere Leid zu vergessen, vertieft sie sich immer mehr in ihre Forschungsarbeit. Sie übernimmt den Lehrstuhl ihres Mannes, und ihre Vorlesungen finden schnell wachsendes Interesse.

Fünf Jahre später nimmt sie als einzige Frau an einer internationalen Konferenz teil, bei der sie zahlreiche renommierte Wissenschaftler trifft. Als ihr eine Affäre mit einem verheirateten Physiker nachgesagt wird, kommt es zu einem öffentlichen Skandal. Doch kurz darauf beherrscht eine andere Schlagzeile die Zeitungen. Ihr wird der Nobelpreis für Chemie verliehen. Damit ist sie bisher die einzige Frau mit zwei Nobelpreisen.

Nicht zuletzt dank ihrer internationalen Auszeichnungen wird ihr einige Jahre später die Leitung eines Forschungsinstituts übertragen. Bei ihren wissenschaftlichen Arbeiten verzichtet sie darauf, materiellen Vorteil aus ihren Erfindungen zu ziehen. Als sie sich eines Tages im Institut das rechte Handgelenk bricht, zieht sich die Heilung hin. Wenig später stirbt sie im Alter von sechsundsechzig Jahren, vermutlich an einer durch die jahrelange Strahlenbelastung hervorgerufenen Leukämie.

*Wer mag's sein?*

*Auflösung auf Seite 144*

Auflösung zu Seite 53:
*Winston Churchill*

# *Er wird als zweites von fünf Kindern...*

einer Opernsängerin und eines Landarztes geboren. Kurz vor dem Abitur lässt er die Schule im Stich, um Reporter einer Lokalzeitung zu werden. Im letzten Jahr des Ersten Weltkriegs meldet er sich als Freiwilliger und geht mit einer Rot Kreuz-Kolonne in den Einsatz. Er wird zweimal schwer verwundet und erhält eine hohe militärische Auszeichnung.

Nach seiner Rückkehr aus dem Krieg wird er Redakteur einer Gewerkschaftszeitung und findet Kontakt zu einem Dichter, der sein literarischer Lehrmeister wird. Seine Tätigkeit als Journalist führt ihn in verschiedene Teile seines Landes. Dabei lernt er seine künftige erste Frau kennen, die er als Einundzwanzigjähriger heiratet. Private und berufliche Reisen als Sonderkorrespondent nach Übersee folgen.

Für fünf Jahre lässt er sich in Paris nieder und widmet sich fortan der Schriftstellerei. Im Kreise von in der französischen Hauptstadt lebenden Schriftstellern findet er entscheidende Anregungen. So entwickelt er einen simplifizierten Stil, der durch eine einfache und schnörkellos Sprache und eine knappe Wortwahl komplizierte Gefühlsverzweigungen in kurzen Aussagesätzen klar zum Ausdruck bringt. Dies verschafft ihm bald allgemeine Anerkennung. Noch nicht dreißigjährig erlebt er eine Phase familiären Sonnen- und Schattenseiten. Sein zweiter Sohn wird geboren, er lässt sich von seiner ersten Frau scheiden, heiratet kurz danach erneut, und sein Vater begeht im Alter von zweiundsechzig Jahren Selbstmord. Während dieser Zeit kommt sein erster Roman heraus, der von der „verlorenen Generation" des Ersten Weltkrieges handelt. Seine literarischen Helden sind Menschen, die versuchen, ihr Leben zu meistern und ihr Schicksal mit Fassung zu ertragen. Sein Erstlingswerk wird ein großer Erfolg. In einem zweiten Roman thematisiert er eine Liebe mit unglücklichem Ausgang während der Kriegsjahre.

Wenig später veröffentlicht er einen Sammelband mit Kurzgeschichten, die von Krieg, Sport und dem Mann-Frau-Verhältnis handeln. Sportliche Aktivitäten haben für ihn eine herausragende Bedeutung, da sie für ihn die Männlichkeit hervorheben. Eine besondere Leidenschaft entwickelt sich aus einer Reise ins spanische Pamplona. Dort wird sein Interesse für den Stierkampf geweckt, der für ihn über das Sportliche hinaus führt und Eleganz und Mut bedeutet. Zu weiteren Hobbys entwickeln sich das Hochseefischen und das Boxen. Nachdem er als Dreiunddreißigjähriger zusammen mit seiner Frau erstmals an einer Safari im afrikanischen Dschungel teilgenommen hat, packt ins alsbald eine weitere Leidenschaft, die Großwildjagd. Selbst als er in späteren Jahren in Afrika zweimal mit dem Flugzeug abstürzen und nur knapp dem Tode entkommen wird, lässt ihn das Jagdfieber nicht los. Die Erlebnisse und Eindrücke seiner Jagdabenteuer verarbeitet er literarisch.

Immer wieder ist er als Reporter auf Kriegsschauplätzen zu finden. So verfolgt er in Spanien den dreijährigen Bürgerkrieg. Was er in dieser Zeit erlebt, findet seinen Niederschlag in einer Erzählung. Im Alter von einundvierzig Jahren lässt er sich von seiner zweiten Frau scheiden und heiratet bald wieder. Mit seiner Neuvermählten reist er für einige Jahre in das asiatische Kriegsgebiet des Zweiten Weltkrieges.

Auch seine dritte Ehe hält nur fünf Jahre. Ein Jahr nach der Trennung geht er bereits wieder eine – nunmehr die vierte – Ehe ein. Trotz seiner starken Alkoholabhängigkeit setzt er seine schriftstellerische Arbeit fort und erlangt mit seinem letzten und wohl bekanntesten Werk Weltruhm. Diese Novelle, die in seiner Wahlheimat spielt, wird zum Höhepunkt seines literarischen Schaffens. Innerhalb von zwei Tagen verkauft sich das Buch fünf Millionen Mal.

Zwei Jahre danach erhält er den Nobelpreis für Literatur. Doch sein literarischer Ruhm und sein weiteres Schaffen können ihn nicht davor bewahren, in Depressionen zu verfallen. Er wird zunächst mit einer Elektroschock-Therapie behandelt, dann kommt er wegen seiner Erkrankung in eine Klinik. Wieder zuhause, unternimmt er mehrere Selbstmordversuche. Schließlich erschießt er sich – wie sein Vater im zweiundsechzigsten Lebensjahr – bei den Vorbereitungen zu einem Jagdausflug in seinem Haus, kurz vor seinem Geburtstag.

*Wer mag's sein?*

*Auflösung auf Seite 52*

Auflösung zu Seite 89:
*Yehudi   Menuhin*

# *In eine Musikerfamilie...*

wird er als fünftes Kind geboren. Seine Vorfahren prägen seit Jahrzehnten das Musikleben in seiner Geburtsstadt. Er ist gerade sechs Jahre alt, als sein Vater stirbt. Diese unerwartete Tragödie zwingt die Familie, sich erheblich einzuschränken, da die Mutter lediglich eine kleine Rente bezieht.

In der Schule zeigt der verträumte Junge denkbar schlechte Leistungen, vor allem gegen Mathematik hegt er eine unüberwindliche Abneigung. Oftmals wirkt er passiv und geistesabwesend, doch auch übermütige Streiche sind ihm nicht fremd. Diese Charaktereigenschaften behält er bis ins Mannesalter. Ersten Orgelunterricht erhält er von seinem Vater. Nach dessen Tod übernimmt ein Onkel die musikalische Schulung. Von ihm erhält er oftmals Schläge und Fußtritte. Glücklicherweise endet dieser amusische Unterricht bald. Er kommt zu einem neuen Lehrer, der erste Anzeichen seiner musikalischen Begabung ausmacht. So kann er bereits mit etwa vierzehn Jahren sich ein wenig Geld als Organist verdienen.

Weitere, wenn auch geringe Einkünfte verschafft er sich mit Klavierspiel. Er tritt bei Volksfesten, in Lokalen und bei Tanzveranstaltungen in Seebädern auf.

Seinen Lohn liefert er daheim ab, um die ärmlichen Lebensverhältnisse seiner Familie ein wenig aufzubessern. Lediglich für sein frühes Laster, das Zigarettenrauchen, zweigt er etwas Geld ab. Da er sämtliche Wege zu seinen musikalischen Einsätzen zu Fuß zurücklegen muss, kommt er oft spät und todmüde nach Hause.

Mit sechzehn Jahren wird er Schüler des Konservatoriums seiner Heimatstadt. Zwei Jahre später macht er sich mit zwei Freunden – wiederum zu Fuß – auf den Weg in eine zwanzig Kilometer entfernte Nachbarstadt, wo Verdis Oper „Aïda" mit großem Glanz in Serienvorstellungen gegeben wird. Dies bringt eine entscheidende Wende in sein Leben, er hat ein großes Vorbild gefunden.

Doch zunächst stehen ihm noch vier mühsame Studienjahre am kleinstädtischen Konservatorium bevor, wo er den schematischen Lehrbetrieb als Zwang und Unfreiheit empfindet. Dieser läuft seinem ganz aufs Improvisatorische und Phantasievolle ausgerichteten Naturell entgegen. Sein Ziel ist und bleibt, sein Studium an einem hochwertigeren großstädtischen Konservatorium fortzusetzen. Die damit verbundenen Kosten kann allerdings seine Familie nicht tragen. Erst als er die Zusage für ein staatliches Stipendium und finanzielle Unterstützung durch einen Verwandten erhält, meldet er sich zur Aufnahmeprüfung, die er mit sehr gutem Erfolg besteht.

Einer seiner Lehrer, zu dem er bald ein freundschaftliches Verhältnis entwickelt, erkennt seine große Begabung, aber auch seinen gelegentlich auftretenden Mangel an Energie und Konzentration. In seinen Notenblättern und Schulheften finden sich häufig Karikaturen seiner Lehrer. Seine besten Lernerfolge hat er in den Fächern Komposition und Musikgeschichte, während seine Fähigkeiten im Klavierspielen von manchen Beurteilern als ausgesprochen schwach bezeichnet werden. Obwohl sein karges Stipendium ihn zur höchsten Sparsamkeit zwingt, verbringt er seine Freizeit

gern im Kreis von Kommilitonen in Kaffee- und Gast-
häusern. Sein Studentenleben zeichnet sich durch eine
Mischung aus Armut und Unbeschwertheit aus, durch
kleinere und größere Liebesgeschichten, durch
Schwierigkeiten mit zinsfordernden Hausherren. Wichtiger für ihn sind freilich die Bekanntschaften, die er
mit bereits anerkannten Musikern macht.

Nach Abschluss seines Studiums beteiligt er sich an
einem Wettbewerb für eine einaktige Oper, scheitert
jedoch wegen seiner unleserlichen Notenschrift. Erst
als er die Gelegenheit bekommt, Teile aus seinem
Werk vor einem Kreis einflussreicher Persönlichkeiten auf dem Klavier spielend und dazu singend vorzu-
tragen, beeindruckt er. Nun zeigt man lebhaftes Interesse an ihm als einem vielverheißenden Musiker.

Bald hat er mit seinen Kompositionen zunehmend
Erfolg. Er zieht in ein kleines Fischerdorf, wo er in den
nachfolgenden dreißig Jahre die meisten seiner Mu-
sikwerke – oftmals in Nachtarbeit – schaffen wird. Seine
letzten beiden Lebensjahrzehnte bringen ihm Ruhm
und Reichtum in Hülle und Fülle. Sein Lebensstil wird
luxuriöser, doch im Grunde bleibt er ein einfacher Na-
turmensch ohne höhere Bedürfnisse.

Im Alter von sechsundsechzig Jahren wird bei ihm
Kehlkopfkrebs diagnostiziert. Er unterzieht sich zunächst einer Therapie und arbeitet gleichzeitig weiter
an einer Oper. Er kann sie nicht vollenden, denn nach
operativen Eingriffen, die Besserung in sein Befinden
bringen, stirbt er plötzlich an Herzversagen.

*Wer mag's sein?*

*Auflösung auf Seite 80*

## Abbildungsnachweis

Wir danken den folgenden Personen und Institutionen für die Bereitstellung der Abbildungen auf den genannten Seiten.

*Peter Hoffmann:*
5, 9, 13, 17, 21, 25, 37, 57, 65, 77, 81, 85, 89, 105, 109, 117, 121, 133, 153, 157, 173, 177, 185, 189, 197

*Oliver Waffender:*
41, 45, 49, 69, 93, 97, 101, 113, 129, 165, 193, 201

*Iris Darimont:*
29, 53

*Verlag Hahnsche Buchhandlung:*
Umschlag oben links: Büste Gottfried Wilhelm Leibniz, 61, 137, 145

*Blickreich-Klaus Kluge:*
161

*BPK-images:*
33

*Deutsches Historisches Museum, Berlin:*
73, 149, 169, 181

*Gedenkstätte Deutscher Widerstand, Berlin:*
125

*Haus der Geschichte der Bundesrepublik Deutschland, Bonn:*
141

*Interfoto:*
Umschlag oben rechts: Marion Gräfin Dönhoff

*Museum-Folkwang, Essen:*
Umschlag unten rechts: Paula Modersohn-Becker, Selbstbildnis mit Kamelienzweig

*Historisches Museum Leipzig:*
Umschlag unten links: Bildnis Robert Blum